班级成长之路：
成长、责任与实践

主编　丁在娜

中国海洋大学出版社
· 青岛 ·

图书在版编目（CIP）数据

班级成长之路：成长、责任与实践／丁在娜主编
. -- 青岛：中国海洋大学出版社，2024. 4
ISBN 978-7-5670-3818-9

Ⅰ. ①班… Ⅱ. ①丁… Ⅲ. ①班主任工作－研究
Ⅳ. ①G451. 6

中国国家版本馆 CIP 数据核字（2024）第 065662 号

班级成长之路：成长、责任与实践
Banji Chengzhang zhi Lu：Chengzhang、Zeren yu Shijian

出版发行	中国海洋大学出版社	
社　　址	青岛市香港东路 23 号	邮政编码　266071
出 版 人	刘文菁	
网　　址	http://pub.ouc.edu.cn	
订购电话	0532 - 82032573（传真）	
责任编辑	付绍瑜	电　　话　0532 - 85902533
印　　制	日照日报印务中心	
版　　次	2024 年 4 月第 1 版	
印　　次	2024 年 4 月第 1 次印刷	
成品尺寸	170 mm ×230 mm	
印　　张	11. 00	
字　　数	170 千	
印　　数	1—600	
定　　价	49. 00 元	

编委会

　　班主任既是教育者,也是组织者、协调者和管理者,在推动学校教育、实现教学目标、塑造学生品质等方面发挥着重要的作用。在这个充满希望与挑战的教育征程中,班主任作为学生成长道路上的引路人,肩负着培养未来的使命,也感受着陪伴学生成长的喜悦。这本书将为大家揭开班主任工作的一角,分享班主任们的故事、经验与心得,为我们共同的教育事业增添一份温暖与光芒。

　　作为一名班主任,我深知班级是培养学生成长的温床,也是孩子们人生旅程中重要的一站。班主任的责任不仅是教书育人,更是引领学生走向成熟与成功。我们关注他们的学习,更关心他们的成长。我们时刻关注每一个学生的进步,陪伴他们走过青涩的时光,给予他们爱与信任,让他们在校园里感受到家的温暖。我们既是知识传递者,也是他们的心灵引导者。我们的使命是不仅要培养学生的学习能力,更要关注他们的品德塑造、情感健康和综合素质的培养。然而,面对不同个性、不同家庭背景的学生,我们常常需要面对各种挑战。在这个充满变数的教育环境中,如何更好地管理班级、关心每一个学生,是我们班主任始终面临的重要问题。

　　本书的编者们凭借对班主任工作的深刻理解和丰富实践经验,为读者呈现了一部内容丰富、实用性强的作品。本书不仅对班主任工作的理论进行了深入探讨,还结合大量真实案例,生动地展示了各位优秀班主任的真实故事、成功经验和独特观点，内容涵盖了班级管理、教育教学、家校合作、学生关怀等方面。我们希望这些内容能够为读者提供一些建议、灵感和思想，帮助读者在班主任的岗位上更加从容地应对各种情境。无论是刚刚开始担任班主任的新手，还是已有一定经验的教师，都能从本书中获得启示和帮助。

最后，我要由衷地向所有在班主任岗位上辛勤耕耘的同仁致以崇高的敬意。你们的辛苦付出，让学生们在成长的道路上不再孤单；你们的悉心指导，让他们在迷茫中找到方向。本书的目的正是要与您共勉，共同前行，为学生的未来播下希望的种子。

丁在娜

2023 年 8 月 28 日

目 录
CONTENTS

第一章
班主任工作的重要性

第一节　班主任的角色与职责

班主任是班级管理的组织者和领导者,在教育活动中履行管理和育人职责。因此,班主任要用自己的学识、人品、工作态度、教学方法等因素去塑造角色,履行职责,影响和感染学生,从而树立自己的威信,充分发挥在班级中的影响力。

一、班主任的角色定位

班主任的角色定位很重要。你把自己定位成什么角色,你就会自觉不自觉地扮演这种角色,就会真的成为这种人。但班主任绝对不是单一的角色,而是一个复合角色。班主任角色主要有以下四种。

(一)班主任是学生成长的引路人

所谓的引路人,就是引领学生健康成长,走上成人、成才道路的人。毫无疑问,在学校教育工作中,班主任肩负着光荣和艰巨的任务。班主任不但应该是一名好的教师,成为学生的良师益友,而且特别要关心学生的全面发展,加强每一个学生的素质教育,真正成为学生成长的引路人。

班主任要想成为学生成长的引路人，首先要做到关心学生的全面发展，包括智力因素发展和非智力因素发展。为了保证学生智力与非智力两种因素能够得到发展，我国制定了全面发展的教学方针，提出在德育、智育、体育、美育、劳动教育等方面，选择精当内容，运用科学方法，将人类的珍贵遗产转化为学生的精神财富。班主任应该通过有效的形式，对学生进行教育，引导他们在德、智、体、美、劳诸方面得到全面而充分的发展，真正成长为道德优秀、智能发达、体魄强健、美感丰富、热爱劳动的建设者和接班人。

班主任要想成为学生的引路人，还要对学生的各科学习负责。班主任也是一名科任教师，在班上也要承担一门课程的教学任务。但由于角色不同于一般的科任教师，因此，班主任不能只关心自己这一门课，更不应该利用自己在班级的特殊地位，将学生的注意力吸引到自己这一门课程中来。

我国学校为学生开设的课程，是按照全面发展的要求，遵循循序渐进的原则而选定的，国家教学计划规定的每一门课程，在学生发展中，在知识衔接上，都有着各自不能替代的作用。班主任的职责之一，就是要引导学生学好每门课程、牢固地掌握各科知识，同时要及早发现并纠正学生的偏科问题。

班主任要想成为学生的引路人，还需给全体学生以真诚的爱，切记不能优差偏袒分明，要端平一碗感情的水，这是提高学生成绩的前提和条件。如果师生之间产生对立，于教育教学工作是极为不利的，引路人的作用也就化为乌有了。

（二）班主任是班级管理的设计师

班主任是班级管理的组织者和领导者。班主任对班级的管理是通过培养坚强的班级核心，组织井然有序的课堂教学和开展丰富多彩的教学活动进行的。班主任工作的这些特点，决定了其不能采用"事无巨细，一概包揽"，或者"头痛医头、脚痛医脚"的直接管理方式，而要注重于精心策划，周密设计，调动和发挥各个方面的积极性，共同做好班级工作。这就要求班主任要扮演好班级管理设计师的角色，把立足点从直接管理转移到设计管理上来。

班主任的这种设计师角色，首先是班级集体的构成特点决定的。班级并不是一个松散的群体，而是一个严密的集体。把相同年龄、相同学习任务的一定数量的学生组成一个班级,这不仅是实行班级授课制的需要,同时也是贯彻平行教学原则,即通过集体来教育集体的需要。集体有一种凝聚力,相同的年龄特征和共同的学习任务把学生紧紧地团结在一起。集体有一种感染力,学生之间相互影响,相互促进,容易产生"见贤思齐"的积极心理倾向。集体还有一种荣誉感,学生会自然地将来自各个方面的荣辱毁誉同自己联系起来,同整个班级联系起来,进而焕发出关心集体、爱护集体的良好愿望。班主任在工作中如果能够有力地利用班级集体的这种本质特点,设计出通过集体来管理集体的最佳方案,就可以改变班主任在班级管理中一个人"跳独竿舞"的被动局面,而营造出学生人人关心班级、人人参与管理的良好气氛。班级管理既要注意充分调动广大学生参与管理的积极性,又要注意充分发挥班干部管理的主动性。班干部是班主任的得力助手。班主任这位设计师的任务之一,就是动脑筋、想办法,教会班干部做好班级管理工作。班干部在班级管理中的核心作用发挥出来了,班主任就能从繁忙的事务性工作中解脱出来了,既培养、锻炼了班干部,又提高了管理效率。

班主任的这种设计师角色,又是学校教学教育工作的本质特点决定的。教学是学校一切工作的中心环节,因此,班级管理也要紧紧围绕着这个中心环节展开。班主任既要为教学工作的顺利进行提供坚实而又可靠的保证,也要将管理工作渗透和贯穿到全部教学过程的每个环节当中。这就要求班主任正确处理好班级管理与各科教学的关系,精心设计出用教学带管理,以管理促教学的互动模式,闯出一条"教学-管理"一体化的班级管理的新路子。

班主任的这种设计师角色,还是班级管理工作的自身特点所决定的。班级管理工作不能仅依靠表扬和批评等常规手段,也不宜只采用开会、谈话这些单调方式,而应该通过丰富多彩的课外和校外班级集体活动,实行动态管理。要开展各种活动,并且通过活动达到管理的目的,就必须要规划设计,制订出详细的动态管理计划。通过丰富多彩的班级活动形式来实施班级管理工作,不仅可以丰富学生的感性认识,扩大他们的知识视野,而且还能够做到寓教于乐,将烦琐的管理规则置身于饶有兴味的活动过程之中,进而提高学生的思想认识,增强其自我管理、自我督促的自觉性,可谓事半功倍、一举多得。

（三）班主任是优良班风的培育者

班主任既要通过各种有效教育途径引导和教育学生，又要通过优良的班风建设来影响和感染学生。班风是指一个班级的风气。优良的班风能起到和风化雨、润物无声的教育作用。它既可以激励先进、扶植正气，也可以带动落后、抑制不良。因此，班主任的工作目标之一就是培育优良班风。要培育优良班风，首先要确定班级的奋斗目标。奋斗目标是一个班级的努力方向，它起着唤醒学生的成功愿望和心理潜能，激发学生的学习动机和拼搏精神，统一全班的思想认识等作用。班主任应该根据国家的教育目标、学校的培养目标和学生的具体情况，提出班级的远期、中期和近期目标。远期目标应该具有方向性，中期目标应该具有激励性，近期目标应该具有可行性。从而形成一个梯队或动态目标体系，促进和鼓舞学生一步一个脚印地向更高的目标进发。

要培养优良班风，也要提高学生的思想认识，端正他们的学习态度，特别要注意培养热爱、关心集体的荣誉感，形成正确的集体舆论，营造和谐的心理氛围。学生置身其中时，既要能感受到一种催人奋进的精神力量，又要有一种互相督促的自觉精神。

要培养优良班风，还要向学生提出严格要求，要求他们遵守学生守则、校纪校规和班级的规章制度，并定期检查各项规章制度的执行情况，引导学生形成良好的行为习惯。

最后，还应充分发挥班干部在班风建设中的骨干作用，树立典型，用榜样的力量影响和带动全班。

（四）班主任是协调关系的艺术家

在现代班级管理中，协调好各个方面的关系，也是班主任的职责之一。

首先，班主任要正确处理好与学生的关系。全国模范班主任马恩洪谈到，班主任同学生的关系，应该是"50+1"的关系，而不应该是"50:1"的关系。班主任既不能将自己凌驾于学生之上，也不能同他们对立起来，而应该将自己置身班级集体之中，成为集体中的一员，与学生平等相处，群策群力地做好班级管理工作。实践经验告诉我们，对学生的态度好坏是能否做好班级管理工作的关键。学生对老师的态度格外敏感，甚至几乎是依据老师的态度来决定自己的反应。班主任的关心与友善能唤起学生的感激心理,相反,班主任对学生的挖苦讥讽,只能触发他们的逆反与对立情绪。

其次,班主任要协调好与本班其他科任教师之间的关系。同在一所学校工作,又同在一个班级任课,教师应该和睦相处,互相帮助。但有时由于教学要求不一致,管理方式不一样,班主任与各科任教师之间也容易产生矛盾。这就需要彼此体谅,互相协调。而协调的主要工作应该由班主任来做,可以定期召开班级科任教师沟通会,主动征求科任教师对班级管理的意见,虚心听取他们对班级情况的反映,并争取得到他们的支持配合,同心协力地做好班级管理工作。

再次,班主任还要协调与学校领导及主管部门领导之间的关系。班级是学校的最小管理单位,班级管理的好坏直接影响到整个学校的教育管理。从大的方面讲,班级管理与学校管理的目标是一致的。但是如果班主任与学校领导没有经常进行必要的沟通联系,也容易产生分歧和冲突。班主任只有深刻理解学校领导的意图,并与学校管理部门的具体要求保持高度的一致,才能卓有成效地做好班级管理工作。

最后,班主任还要协调好同社会各界,同学生家长之间的关系,发挥纽带和桥梁作用。班级管理工作离不开社会各界的大力支持,更需要各位学生家长的积极配合。但是,班主任一般不要轻易叫学生家长到学校里来,更不宜把家长联系会开成"生气会""训人会"。现在不少家长害怕到学校开会,因为有的班主任训得人家面红耳赤。这样做不但不近人情,而且也违反了教育规律。班主任应该抓住与家长都希望学生成才的共同愿望,同家长保持平等友善的联系,这样才会有利于班级管理工作。

二、班主任的职责履行

班主任应认真贯彻执行党的教育方针和学校的各项规章制度,为人师表,起到模范带头作用。全面负责学生的思想教育和日常管理工作,对学生加强思想引导、学业辅导、生活指导、心理疏导及职业规划指导,使学生成为德、智、体、美、劳全面发展的社会主义建设者和可靠接班人。

一要树立正确的教育思想,全面实施素质教育,努力培养学生的创新精神和实践能力。以人为本，尊重学生，抓好学生的日常思想教育工作，从班级实际出发，树立为学生服务的思想。

二要及时了解掌握学生的思想动态、学业进展及学习能力、素质培养情况，帮助指导学生解决思想问题及在学习、生活中遇到的困难，做学生的良师益友。

三要根据班级实际情况，不断为班级确立正确的前进目标，向全班学生提出具体要求，培养班级健康的集体舆论和优良的班风，为创建优秀班集体而努力。

四要加强学习目的性教育，培养学生的学习兴趣和克服困难的意志品质，培养良好的学习习惯，充分发挥学生的爱好和特长，促进学生素质的全面提高。

五要协助学校选配、考察和培养班干部，指导学生干部开展工作，培养学生自我管理、自我教育、自我服务的能力。

六要抓好学生的日常管理工作，做好学生的素质测评、思想品德评定、先进评比及困难补助的评定。

七要坚持每周不少于一次班级例会、每月一次班级工作总结，针对学生思想、学习和日常生活中反映出来的各种问题进行集中指导。纠正不良倾向，关心学生的心理健康，对学生进行安全教育，培养班级集体荣誉感和团结协作、艰苦朴素、积极向上的优良班风。

八要注意加强与家长及科任教师的联系沟通，积极做好各科任教师和各种教育力量的统一协调工作，及时把学生的意见和建议反馈给科任教师。主动争取家长对班级工作的支持，有目的地开好家长会。

班主任不仅是班集体的组织者、教育者和领导者，更是学校领导者实施教育、教学工作计划的得力助手。班主任只有准确定位好角色，严格履行好职责，才能成为学生健康成长道路上的领路人，才能担负起协调各种教育资源和力量的重大责任。

第二节 班主任对学生全面发展的影响

苏联教育家加里宁说:"教师的世界观,他的生活,他的品行,他对每一现象的态度都这样或那样地影响着全体学生。"

班主任的工作对象即青年学生,正是长身体、学知识的关键时期。他们在这一时期既有独立性又有依赖性、既有自觉性又有贪懒性、既有顺从性又有叛逆性,处于不断变化和走向成熟的阶段,可塑性和变化性大,其道德品质、素质修养、人生价值观、知识结构、思维方式等都未定型。班主任作为教育者和组织管理者,对学生全面发展影响重大。

一、班主任的知识素养对学生全面发展的影响

班主任首先是以教师的角色,然后才是管理者的身份进入学生的学习和生活中。孟子说:"资之深,则取之左右逢其原。"渊博的知识能陶冶人的情操,充实人的精神生活,是个人气质和内涵的具体表现。合理而完美的知识结构,既是班主任自身发展和学生全面发展的基础,也是影响班主任工作效果的因素之一。

班主任必须以自己教学领域的成绩来凸显自己的能力,除了做好组织者、管理者和指导者之外,还必须做好自己的专业工作,教好自己的学科,并取得一定的成绩,才能得到学生的认可及尊重。因此,在工作中,班主任要不断学习新知识,不断更新观念,不断取得好成绩,并向学生展示自己的优点,在学生中树立威信,让学生觉得他们的班主任是一个强者,而不是一个只说不做、碌碌无为的人。

班主任渊博的学识会在学生群体中产生一种精神动力和催人进取的压力。当学生对班主任有一种信赖感和崇拜感,就会对该学科产生兴趣,就乐意接受班主任的德育教育和配合班主任的工作。

二、班主任的师德修养对学生全面发展的影响

古语发出诘问:"庸匠误器,器可他求;庸妇误衣,衣可别制;庸师误子弟,子弟可复胚乎?"教师思想道德低下的恶果是误人子弟。班主任是教育和管理学生的教师,历来是学生心目中的思想道德楷模。班主任的道德素养直接影响学生思想道德品质的形成和提高。

"以身教者从,以言教者讼。""身无道德,虽辞为经,不可以信世。"这是说教师的思想觉悟、道德风貌对学生健康成长的影响作用。首先,教师的思想道德对学生的思想道德起示范作用。在教育实践活动中,教师的思想观念、道德观念会自然流露于学生面前,并影响和熏陶学生。苏霍姆林斯基曾说:"在学校的围墙内说的每一个词,都应是经过深思熟虑的、明智的、有目的、有分量的,而特别重要的是,这是对我们与之打交道的活生生的、具体的人的良心说的话。"可见这种熏陶影响之大。其次,教师思想道德还对学生智能发展起重要作用。一方面,教师有良好的思想道德,兢兢业业,就会认真施教,努力提高教学效果,促进学生发展;另一方面,教师这种认真施教的精神又会起示范作用,激发学生的学习热情和进取精神。

一位优秀的班主任应该有高尚的品格。教师作为人类知识的传承者,作为人类美好生活的塑造者,必须具有高尚的品格——无私、公正、善良、忠诚等,这些美好品格必须成为教师永不丢失的精神财富。一位优秀的班主任从选择这一岗位起就应该把修炼自己的品格作为终身的必修课。有些班主任没有得到学生的认可,没有得到家长的认可,原因不是在方法上,也不是在学识上,而是在品格上。

在学生面前,你弯腰捡起纸屑的一个简单动作;与学生产生误会时,你一句诚恳的道歉;学生帮你开门时,你微笑着回应的一句"谢谢"……这些看似微不足道的事情,真正地由班主任做出来,会在学生的内心激起千层浪。提到这些不禁想起了曾经看过的一部电影《舞动天地》,它是由真实故事改编的。大体情节是这样的,一天深夜,国际知名的交谊舞大师皮埃尔·杜莱恩(安东尼奥·班德拉斯)走在从舞蹈工作室回家的路上,亲眼看见一个少年报复性地砸烂了学校校长的车。受到震撼的皮埃尔决定找到那所公立学校的校长,不是为了

告密或者抱怨，而是希望自己的艺术能改变这些愤怒和鲁莽的学生，他决定自愿成为学校"悔过室"的学生的舞蹈老师。没人相信皮埃尔是真心想帮助这些老是惹麻烦的高中生，也没人相信他能坚持下去。传统的交谊舞与街区流行的街舞差距太大，长期受嘻哈风格影响的皮埃尔的新学生们，与正统交谊舞出身的皮埃尔简直格格不入。皮埃尔的经典教学法与学生们的街区嘻哈本能产生了有趣的碰撞，面对这种情况，他并没有感到恼怒和沮丧，而是引导学生们去探索交谊舞背后的真实魅力。在他的坚持和鼓励下，学生们开始真正领略到交谊舞的艺术性，并开始尝试把街头舞蹈风格融入其中。发现这一点的皮埃尔没有后退、抗拒或者不屑一顾，而是和学生们一起开创了一种结合多种舞蹈风格于一体的先锋舞蹈，最后还在国标舞大赛中获得冠军。在教授舞蹈和与学生们一同创作的过程中，皮埃尔不仅成为这群被人看作一无所成的"野孩子"们的人生导师，还与他们一起找到了方向与自信。

其中的一个片段引人深思：长期跳国标的皮埃尔在一位"问题"学生面前反复为女士们开门、关门，结果，那名学生不自觉地也开始为女士开门。皮埃尔的这一举动影响到了这名放荡不羁的学生，使他展现出了一定的风度，这一生动的例子有力地证明了"身教重于言教"的道理。

所以，班主任必须时刻注意自己的言行，做到以身作则。如果班主任言行不一，学生会对班主任的教育要求感到迷惑不解，甚至引起学生反感及与班主任产生对立情绪，达不到教育学生的目的，当然更谈不上激发学生对情感和道德上的热情了。因此，班主任的师德修养应该是真实的，是教师一种真诚的自然流露，而不是暂时在学生面前的刻意表演。

三、班主任的仪表风度对学生全面发展的影响

仪表风度是一个人在社会交往中展现的德、才、体、貌等素质所形成的一种独特气质。班主任的仪表风度对学生有示范性的作用。这不仅指穿着，还指言行举止。一个衣着朴素整洁而不失优雅的班主任，会给学生一种亲切感，在教育当中就不会让学生觉得有距离感。如果班主任能做到这点，就能够更好地在学生心目中树立一个完美的形象。

（一）用外在形象折射出积极健康的生活态度，感染学生

整洁的衣着、端庄的仪表、和蔼的态度、饱满的精神和优雅的风度，这些都是班主任必不可少的外在风度，它能让学生在"此时无声胜有声"的积极氛围中受到美的熏陶、力的感染，从而激发他们学的欲望。

这些外在的东西不需要刻意去追求或展示，学生自然会从班主任身上去发现美，珍惜美，创造美和拓展美。随着时间的推移，他们逐渐懂得了什么是真正的美。环境优美了，面貌焕然一新了，人际关系和谐了，学习的劲头就足了，学习的效率就高了。

（二）用内在气质衍射出端正良好的个性素养，感化学生

班主任的言行举止会对学生产生直接的影响。

在言辞方面，简明、连贯、得体是对班主任语言规范最基本的要求。言辞的表达应当有度：应疾言厉色时决不含糊其词；应温言软语时决不声嘶力竭；应批评时决不含沙射影、讽刺挖苦；应表扬时也决不上纲上线、夸大其词；应严肃时决不嘻嘻哈哈；应活泼时决不故作深沉。班主任应根据不同的场合和对象，选择合适的言辞来解决问题。

在行为方面，班主任若能从自身做起，从小事做起，率先垂范，就会胜过千言万语。孔子说过："其身正，不令而行；其身不正，虽令不从。"与其每天或每次都苦口婆心、声嘶力竭，还不如"低头弯腰""动手动脚"来得利索。发现讲台、窗台脏了，拿起抹布来擦擦；教室地上有脏物，主动弯腰捡起来；早上早点带本书到教室读读；体育课、运动会和学生同训练、同参赛；学生参加各科竞赛给他们出谋划策等。

在心胸方面，俗话说"将军头上能跑马，宰相肚里能撑船"。班主任工作千头万绪，烦琐细碎，要想做到完美无瑕几乎是不可能的，工作中总会有这样那样的纰漏或失误，有时会遇到学校领导的批评责备，社会、家长的指责，学生的不满，还有家人的埋怨等，面对种种困难挫折，班主任要有海纳百川的气度，用博大化解一切误解，用大爱包容一切。

四、班主任的处事能力对学生全面发展的影响

学生虽然对班主任有一定的信赖感,但在心理上,他们会以批判的眼光来看待人和事,尽管这种思维的独立性和批判性还不够成熟,这种情况下,班主任需要采取各种不同的方式处理和应对。

此外,班主任能力的高低直接影响班级活动的效率和学生身心发展的速度和水平。学生身心发展与班主任的指导能力密切相关,良好学生集体的形成与班主任的组织管理能力密不可分。同时,班主任的能力关系到他们在学生心目中的威信,学生更倾向于喜欢能力强、能给学生带来丰硕的成果和喜悦的班主任。

(一)严密有方的组织能力

班主任既要面对整个班级,又要关注每个学生。因此,班主任要具有组织者、管理者的才能。这包括但不限于良好的班集体、组织丰富多彩的教育活动以及有效地管理班级的各项工作。

(二)机智灵敏的应变能力

应变能力是班主任应当具备的一种教育能力。它是指班主任善于因势利导,随机应变处理突发问题的能力。具有这种能力的班主任,能在复杂多变的情境中,做出明智的决策,采取最恰当的教育方式。这种能力也可称为"教育机智"。

(三)广泛灵活的协调能力

科任教师如果都能和班主任通力合作,团结一致,形成一个以班主任为核心的目标一致的教育集体,教育效果就会超过班主任一个人的力量。这就要求班主任必须努力做到:主动与科任教师互通情况,研究问题、确定方向、讨论措施、制订计划;经常向科任教师征求意见,了解情况,发现问题,及时解决;邀请科任教师参加班级活动,使师生增加感情,沟通思想,配合工作;在科任教师个人或其家庭有困难时,引导学生做些力所能及的事情。

（四）超高超强的组织能力

一个良好的班集体有助于培养学生的自尊、自律和自强能力，帮助学生学会求知、学会做事、学会共处、学会做人。因此，班主任需要具有较强的组织能力，以构建一个积极向上、团结和谐的班集体。班主任还要善于调动每一个学生的积极性，促进同学间的团结友爱，形成勤奋好学、奋发进取的良好班风。同时，班主任还需要与其他教师、学生家长、学校管理等进行有效沟通和合作，共同为学生成长创造良好的环境和条件。

（五）收放自如的管理能力

1. 管与放的关系。班级管理千头万绪，内容方方面面。一些班主任事必躬亲，导致学生缺乏独立性和自我教育与管理能力差，班主任应该充分发挥学生的主体作用，做到管放有效结合。

2. 亲与疏的关系。作为师德的一部分，热爱和关心学生是至关重要的，公平地对待学生则是师爱的基本要求。班主任对学生的亲疏应充分考虑学生的个体情况。对于一些单亲家庭、学习基础差的学生，班主任要给予更多的关心；对于那些独立自理能力强、学习成绩优异的学生，则可相对"疏"一点。

班主任正确有效的管理策略，像一丝春雨"随风潜入夜，润物细无声"，可以使班级内形成良好的氛围，潜移默化地对学生进行全面教育，使学生养成良好的学习习惯，从而提高班级的整体水平，并对学生产生深远的影响。

第三节 班主任的挑战与应对

在班主任这项工作中，挑战和机遇是并存的。班主任不仅需要承担繁重的教学任务，更需要承担很多其他的责任。尤其是在新课程改革背景下，原有的管理观念和教学方式已经难以适应现代教育管理的要求。因此，班主任必须面对新的挑战，机智应对，科学创新，以顺应社会发展的需要，使班级管理再上新台阶。

一、班主任工作面临的主要挑战

（一）转变"领导者"管理模式对班主任工作的挑战

长期以来，受传统教育思想影响，一切教育活动以教师为中心。在以前的班集体中，班主任处于领导者、管理者的核心地位，许多班主任要求学生绝对服从。更有甚者，对同事和家长也端起班主任的架子，这些现象在社会上造成了许多负面影响，不仅有损教师职业形象，而且严重地影响了教育的和谐发展。卡尔·桑德斯指出，一种职业成为"专业"的基本特征之一是为公众和社会提供无私的服务，而不是个人谋生的手段。因此，专业化的发展要求班主任从台上走到台下，由"领导者"变为"服务者"，以平等的地位，以为学生的全面发展谋利益。

（二）满足各方要求对班主任工作的挑战

由于学校、家长和学生对班主任的要求越来越高，班主任将从传统的看管者转变为各方面的首要责任人，再到如今新课改背景下，班主任是学生成长的精神引导者。从需求的角度看，学生、家长和学校对班主任的期待是动态变化螺旋上升的过程。现在许多学生的家长认为，孩子只要进入学校，所发生的一切事情都是学校、老师负责任，尤其是班主任。因此，班主任面对的压力越来越大，需要更好地满足这样的需求。

（三）价值取向和文化形态多元化对班主任工作的挑战

随着我国社会的快速转型，学生和家长的价值取向日趋多元。他们对班主任的要求不仅越来越高，而且越来越多样化，班主任工作"众口难调"。例如在召开家长会时，一部分学生和家长对班主任不准带手机来学校这一做法表示赞赏，而另一部分可能持反对意见；班主任既需要用主流价值对学生进行引领，也需要对学生的不同文化和价值取向表示足够的尊重。这无疑对班主任的文化理解能力和文化包容能力提出了更高的要求。

（四）社会风气对班主任工作的挑战

学生在学校接受正规的教育教学的同时，也在不断接受着家庭教育，以及社会教育。当前，社会发展正处于结构化的改革时期，人们的价值取向有了更多的选择。这种多样化的价值取向虽然在一定程度上凝聚成了更多新的有价值的意识和观念，同时也给我们根深蒂固的价值观带来了很大的冲击和挑战。为此，在社会人士中，很多人都具有不良的思想和道德观念。例如，个人主义思想、拜金主义思想、享乐主义思想等，不可否认，社会中这些不良的思想会引导学生形成错误的思想。为此，班主任在教育教学中，就要想尽办法打破这些不良思想的影响，勇于和这些思想作斗争，最终让学生形成正确的道德价值观念。

（五）整合各方教育力量对班主任工作的挑战

班主任是学生成长和发展的首要负责人，既是本班各任课教师间协调教育的调节者，也是学校教育和家庭教育力量的整合者。工作中，在突出班主任育人作用的同时，其他学科教师包括家长似乎认为主要责任是班主任，管理到位是集体的功劳，而出现问题是班主任的原因，所以班主任对各方力量的整合难度明显增大。

（六）学生群体的改变对班主任工作的挑战

随着社会的发展和家庭结构的变化，学生群体也在发生着改变。一方面，一部分学生受到了家长的溺爱，自我意识十分强烈，以自我为中心；另一方面，由于社会上不良风气的影响，他们认为，即使不读书，进入社会后也能生存。离异家庭、单亲家庭和留守学生数量逐步增加。这些家庭的孩子，性格普遍偏个性化，当遇到问题需要监护人参与时，班主任的工作往往会面对困难。有关调查显示：65%的老师认为父母外出打工的孩子在心理上存在较大的问题，易产生焦虑、烦躁、悲观等一系列的消极情绪；在性格方面较为突出的是柔弱内向、自卑孤僻；行为方面缺乏父母的管教，在监护人不敢管也管不了的情况下，"留守生"厌学、逃学、沉迷于游戏厅、网吧等娱乐场所。这些变化都对班主任工作带来新的挑战。

（七）心理、生命教育对班主任工作的挑战

青春期是形成学生健全人格的关键期，这个阶段的青少年情感丰富多变，性格敏感乖张，是心理健康问题的多发期。生命是宝贵的，然而有的学生却轻视自己的生命。近年来，中小学生离家出走、自残自杀、伤人杀人事件屡见报端,且呈上升趋势。有的学生生命观念淡薄,遇到困难、挫折和矛盾时会产生一些极端思想。

十年树木,百年树人。学有所成的前提是对生命的尊重。一个热爱生命的人才有可能是一个成功的人,反之,一个对生命麻木的人必定是一个失败的人。如何让青少年善待生命,更好地获得身心的健康发展,这是对当代教育的巨大挑战,更是对班主任的巨大挑战。

(八) 家庭教育不当对班主任工作的挑战

1. 家长的不良教育方式对孩子的影响。父母的不良教育方式可能会影响孩子的自尊心和自信心。例如,一些家长过分批评指责孩子,忽略他们的优点和成就。这种批评可能会让孩子感到自卑,降低他们的自信心和自尊心。另外,一些家长可能对孩子的期望过高,给孩子太大的压力,让他们感到无力应对。这种压力可能会让孩子感到自卑和失望,影响他们的自尊心和自信心。

2. 家长的不良情绪对孩子的影响。父母情绪失控会让孩子处于恐惧和紧张的状态之中,他们不知道如何与父母建立信任,长时间处于这种状态会导致他们缺乏安全感,从而形成懦弱又敏感的性格,不利于心理健康和人格健全。如果父母不能合理掌控自己的情绪,以失控的姿态对待孩子,这种行为在孩子看来是对他们的否定。时间长了,他们就会理所当然地认为,是因为自己错了,父母才会这样对自己。当这种"低价值感"长期占据孩子的内心,就会导致他们否定自己,产生自卑感,从而走上自暴自弃的道路。

二、班主任面对挑战的应对之策

(一) 树立学习观念,创新教育方法,提升对学生精神引领的能力

1. 提高了解和理解学生的能力。对学生全面和准确的了解和理解是做好班主任工作的前提。首先,班主任应该要加强与学生的真诚交流和平等对话,尊重学生的人格,使学生愿意或乐意向班主任敞开心扉,展现真实的自我。其次,班主任要不断充实自己,尤其是要进一步提高心理学等方面的水平,具备解读新时期学生内在成长和外在表现的能力。同时,班主任自身的专业工作能力需要进一步提高。比如班级文化建设能力、班集体活动的组织策划能力、学生

道德成长的指导能力、与各科教师的沟通协作能力、处理师生关系的能力、终身学习与问题反思重建能力等。

2. 加强自身修养，树立威信。威信是一种客观存在的心理现象，是个体自身高尚品德的外在表现和辐射。班主任的威信是非常必要的，班主任只有树立了威信才能更好地开展工作，而学生是否能够信赖和尊重班主任，很大程度取决于班主任是否具备威信。班主任的威信有助于师生之间建立良好的互动关系。

班主任如果想树立威信，并不能仅仅局限于工作有方，除了要有渊博的知识和深厚的业务素养，还需要广泛的兴趣、幽默风趣的谈吐和良好的个人修养。试想，如果班主任业务精良，对自己所教的学科有着独到的见解和全面的掌控，能够让学生轻松快乐地学习，学生更会对班主任佩服无比。

此外，高尚的道德品质更加重要，也更加不易。班主任要有爱心，要有耐心，要能够和学生建立一种平等、民主、亦师亦友的关系。

同时建议班主任要做好自己的功课，这个功课指的是对学生的全面了解，比如学生的成长环境、成长历程、家庭成员、爱好特长以及同学关系。当学生情绪发生变化时，班主任要能够迅速掌握学生的心情动向，及时和学生沟通，让学生感受到自己的真情实感。

3. 创新教育方法。在新时代，班主任要采用新的教育方法来应对挑战。

（1）开放的教育方法。现在已进入信息时代，学生除了从老师、家长那里接受知识和信息，还会受到社会上各方面的影响和冲击，因而他们个性开放、思想活跃，有明显的独立性。因此，班主任必须采用开放的教育方式，促进学生良好个性的发展。

（2）自主管理的教育方法。新时代的学生思想活跃，要求民主管理。班主任应该尊重、相信自己的学生，给予他们一定的自主权，让他们通过"自我教育、自我管理"来开展班级工作，同时，还要培养学生的自理能力，让他们自强、自主。

（3）严慈相济的教育方法。任何成功的教育，都是严慈相生、刚柔相济的，缺少任何一方，教育的总方向必然走向偏斜，班主任工作也如此。"严"，即班主

16

任要严格要求,严格管理,不松懈,不迁就。"慈",是对学生真诚宽容的爱,没有爱就没有教育,失去爱的教育是没有生命的教育。在新时期,班主任需要在思想、学习、行为规范上严格要求学生,同时也要付出真诚的爱和关怀,把"严"与"慈"结合起来。班主任要始终站在学生立场上考虑问题,真正做到一切为了学生、为了学生的一切,使学生感受到沐浴春风般的温暖,使师生关系和谐融洽。

(二) 转变管理方式,逐渐实现向引导型教育方式改革

虽然工作经验能够确保班主任在管理过程中少走一些弯路,但是我们却不能在班主任工作中以经验主义,无视科学理论知识的态度去工作。工作方法不能再像以前那样简单和粗暴,不给学生留有展示自己的机会。那种班主任指令就是圣旨的管理年代已经过去,我们班主任必须贯彻新的教学理念,让学生成为学习的主体,成为学习的主人。新时期,我们班主任不但要以教育学和心理学为理论依据来规范自己的管理,还要认真研究学生的心理以及年龄特点,坚持因材施教的方法来选择恰当的教学方式,让学生正确认识自己,从而自主地发展自己、丰富自己。

(三) 家校携手,为学生的心理健康护航

首先,班主任可以利用班会课,帮助学生树立正确的人生观和价值观。通过生命教育,引导学生理解生命的意义和价值,学会珍惜生命和善待他人。此外,班级还组织多样的班级活动,从集体的角度教育学生发现同伴的闪光点,培养换位思考的能力,促进共情,从而预防校园暴力。

其次,学校在生命教育中应发挥其主导作用。通过开展生命安全讲座,提高学生的生命安全意识。邀请警察和消防员进学校,让学生更加直接地接受生命教育,使热爱生命、尊重生命成为校园文化的一部分。同时,学校可以设立生命急救社团,教学生急救知识,更好地保障学生生命安全。

最后,家长要发挥支持作用,多带学生到户外拓展,参加爬山等活动,以增强学生面对挫折和困难的能力,为学生心理健康保驾护航。

(四) 零距离沟通,破解家长、学生的要求对班主任的挑战

1. 在与家长对话时,班主任的态度在一定程度上决定沟通的效果。在工作中,家长是我们的服务对象,有时候是我们学习的对象。因此,班主任与家长谈话时,切不可高高在上,更不可咄咄逼人。班主任与家长谈话时,要谦虚谨慎、措辞得当,营造和谐的氛围。学生出现了问题要与家长沟通时,班主任不宜简单地"激愤",将问题扩大化。此时,班主任要保持头脑清醒与冷静,要以热情、关心、委婉、含蓄的语气与家长交流意见。切忌纯粹的"告状"和埋怨。

班主任要始终铭记,在孩子的教育问题上,教师与家长的教育目的是一致的,都是为了教好孩子。然而,班主任要明白,教育必定是教师的专业领域,家长并非专业的教育者。当他们发现孩子在学校出现各种各样的问题时,他们可能会情绪激动地找上门来,这时的班主任要有宽厚的胸怀、平和的心态,理性地给予家长帮助,静下心来倾听他们的意见和质疑,甚至包括尖锐的批评或刺耳的声音。

2. 注意与家长谈话的艺术,促进沟通的流畅性。班主任面对学生很无奈时,喜欢拿出"请家长"这一招数。于是动不动叫家长来学校,到办公室,当着众多老师和其他学生的面数落他家孩子的种种不良行为,这样家长很尴尬,很被动。这样的找家长"算账"会破坏班主任与家长的交谈和沟通。

对于学生在学校时的情况和表现,班主任与家长沟通时要掌握技巧。对学生的优点要"放大"并具体描述,而不是简单地用一些空洞的语言。要从孩子的劳动观念、待人接物、为人处世等与现实生活密切相关的,并影响着孩子们未来的方面入手找优点。通过对孩子们目前言行举止的分析,引出对孩子未来的构想,这样家长才会诚心诚意地听。对于学生的缺点,班主任应该"缩小"其影响,多赞扬,少批评。对于经常捣乱的学生,班主任更要慎重处理与家长的谈话内容和方式,多找找孩子的闪光点。但有一点必须做到,班主任在陈述学生问题的过程中,不能流露出对学生反感或厌恶的情绪,而应该显露出对学生真心的关怀与爱护。

总之,新时代班主任肩负着教育和管理学生的重任,要想把班级管好,必须不断地学习和探索,在实践中不断反思,在反思中不断创新,提高班级管理水平,将班主任工作做成一门艺术。

第二章
班级组织与制度建设

　　班级组织与制度建设是为了在班级中建立起一套完善的组织架构和制度体系，以便更好地管理和组织班级内的各项活动和事务。

　　班级组织包括班主任和学生自主管理团队等，负责组织和协调班级内的各项活动，如班会、班级聚餐、班级旅游。班委会通常由班长、副班长、学习委员、生活委员、体育委员、文艺委员、卫生委员等组成，他们负责班级内的日常管理和事务处理，是班级活动有效推进的核心，是班级发展的引领者和带动者。

　　班级制度建设包括制定和执行一系列规章制度，如班级纪律、考勤制度、奖惩制度、班级活动安排，以规范班级内的行为和活动。通过制度建设，可以提高班级的纪律性和组织性，促进学生的积极参与和发展。

　　班级组织与制度建设的目的是营造一个良好的班级氛围，提高班级凝聚力和组织效能，为班级良性发展打下良好基础，促进学生的全面发展和成长。

第一节　班级组织的建立与完善

　　班级组织是学校里最基本的组织形式之一，也是学生自我组织的重要形式。班级组织的核心目标是促进学生的自我管理和自我教育，帮助学生发挥个人潜力，增强团队协作能力，同时培养学生的社会责任感和人文素养等。

　　班级组织旨在促进班级内部的协作、交流和管理。班级组织通常由学生干部和班主任组成，负责班级的日常事务和管理工作。班主任提供指导和支持，对学生的个人发展和团队协作进行引导和监督。

　　班级组织的主要职责如下。

　　组织班级会议：定期召开班级会议，讨论班级事务，接受学生的意见和建议，制订班级计划和活动安排。

　　组织班级活动：策划和组织各类班级活动，如班级联欢会、班级竞赛、班级文化节，增强班级凝聚力和集体荣誉感。

　　班级管理：负责班级纪律管理，监督学生的行为规范和学习秩序，维护班级的正常运作。

　　信息传递和沟通：负责向班级成员传递学校和班级的重要信息，与班主任和科任教师进行沟通和协调。

　　学习辅导：协助班主任进行学习辅导工作，帮助学生解决学习问题，提供学习资源和指导。

　　班级风气建设：引导和培养良好的班级风气，倡导友善、团结、互助的班级文化。

　　班级组织的存在和发展有助于提高班级的管理效能，促进学生的全面发展，同时也能培养学生的组织能力和领导才能，为学生提供了一个参与班级事务、发挥自己才能和贡献力量的平台。

　　为了班级组织的建立与完善，班主任需要具备一定的管理能力和组织能力。班级组织的建立需要班主任对班级进行全面了解，并根据学生的特点和需求来确定班级的组织形式。班级组织形式多种多样，如班级委员会、班级小组。不同的组织形式适用于不同的班级，班主任需要根据实际情况进行选择。

　　在建立起班级组织后，管理的持续完善至关重要，班主任需要制定相应的组织制度和管理规定。班级组织制度应包括班级会议制度、班级值日制度、班级纪律制度等，这些制度可以帮助班级形成良好的管理机制，提高班级的凝聚力和执行力。

　　此外，班主任还需与学校领导、其他教师、家长等紧密合作，确保班级组织的顺利运行，共同推动班级工作的开展。

一、班级组织的意义和目标

(一) 班级组织的意义

班级组织是学生进行自我管理和自我教育的重要途径,它体现学生群体的向心力,有助于培养学生的团结合作精神、自我管理能力和领导才能。通过建立班级组织,可以为学生提供一个良好的学习和发展环境,进一步促进班级凝聚力和组织力的形成。

作为学生在校园内的重要组织之一,班级组织具有以下意义。

首先,班级组织能够促进班级的凝聚力和集体荣誉感。通过有效的班级组织,学生们能够形成共同的价值认同,拥有明确的目标追求,从而更好地团结在一起。这样的班级组织能够使班级成为一个紧密的集体,使学生共同追求班级的荣誉。

其次,班级组织为学生提供一个共同的目标和方向,激发他们的团队合作精神和集体荣誉感,从而增强班级的凝聚力。

此外,班级组织是培养学生的组织能力和领导能力的舞台。通过参与班级组织的建设和管理,学生能够学习到组织和协调的技巧,提升自己的组织能力。同时,担任班干部的学生有机会发挥领导能力,学会管理团队和解决问题,为自己的未来发展奠定良好的基础。

最后,班级组织可以为学生提供一个展现才华和个性的平台。通过组织班级联欢会、班级辩论赛、班级演讲大赛等各类活动,学生可以展示自己的才艺、创造力和领导才能,提高自信心和表达能力。

(二) 班级组织的目标

班级组织的目标是使所有学生获得发展,具体目标包括以下几个方面。

建立和谐稳定的班级氛围。班级组织的目标之一是营造一个和谐、友好、互助的班级生态,使每个班级成员都感到温暖和归属感。当学生在良好的班级环境中获得了归属感,他们就会产生安全感,有了被接纳的感觉,这种安全感和归属感将使班级更有向心力和集体荣誉感。

加强班级成员之间的沟通和了解。通过组织各类活动和交流,班级组织有助于解决班级内部的矛盾和问题,促进班级的团结和稳定。

培养学生的组织能力和领导能力。班级组织为学生提供了实践和锻炼的平台，让他们有机会参与组织和管理工作。通过组织各种活动和项目，培养学生的组织能力、协调能力和领导能力，帮助他们成长为优秀的组织者和领导者。

总之，班级组织的建立与完善对于学生的个人发展和班级的集体发展具有重要意义。

二、班级组织的建立

陶行知先生说过："最好的教育是让学生自己成为自己的老师，就是培养学生养成自我教育和自我管理的好习惯，并持之以恒地坚持下去。"班主任要学会放手，只有给予学生足够的自由，才能激发学生的自我管理潜能。相反，如果班主任所有事情都亲力亲为，事无巨细，学生就永远是被动接受，缺乏主动性、独立性。当他们步入社会时，就会难以适应社会的发展。班主任应该做好引导工作，给学生适当的锻炼，强化他们的自我管理能力，这样对班级管理可以起到事半功倍的作用。因此，良性的班级组织对学班级管理的作用尤其重要。那么，如何建立班级组织呢？

（一）班级组织建立的原则

1. 民主原则：班级组织的建立应充分尊重学生的意愿和利益。学生自主报名，通过民主选举产生班干部，学生干部应相互协调，共同制定班级规章制度，推动班级事务的民主决策和管理。班干部应具备一定的组织管理能力和领导才能，以确保能够有效地组织和管理班级事务。

2. 平等原则：班级组织应建立平等、公正的学生关系，班干部应摆正自己的位置，明确自己的职责，把为班级服务作为自己的根本任务。杜绝"官本位"思想，避免歧视现象的出现，确保每个学生的权益得到保障。

3. 规范原则：班级组织应建立健全制度和规章，明确班级成员的职责，规范学生的行为和活动，营造良好的学习和发展环境。

（二）班委会的建立

班级要实现管理自动化，首先要培养一批热心于班级工作的干部。有了这样的班干部，加上人人有事干的网格化管理，每位学生都是班级管理的参与者，是班级的主人。在这种管理模式之下,学生有了充分的自主权,真正成为班级管理的主体。而一个优秀的班委会是实现这种管理模式的前提。

班委会是班级组织中最基本的组织形式,负责协调班级内的各项事务。建立好的班委会需要从以下几个方面进行。

第一,班干部的人员选择。班干部首先要有相应的意愿,愿意为班级工作付出自己的努力。因此,班主任在接手新的班级时,不要急于选择班干部,至少要通过开学前几天的班级工作、劳动、卫生、纪律、学习等方面进行观察,总会有学生在相应的领域脱颖而出。要通过开学前几天的认真观察、交流沟通,了解学生的责任心和工作能力、在同学中的威望等方面。并且,教师心中要有每个岗位的合适人选,做到心中有数。从而根据学校规章以及班级的规模和需要,确定班委会成员的职责和数量,班委会通常包括班长、副班长、学习委员、生活委员等。

第二,进行竞选或推选。根据班级的规定,进行班委会成员的竞选或推选。可以通过班会或班级内投票等方式进行。在竞选前,提出以下几个要求:首先,参选的同学要品行端正,是其他同学的榜样,在同学中有较高的威信;能够起到引领和激励其他同学的作用。其次,参选的同学要有责任意识,能认真履行班干部职责,具备一定的组织管理能力和领导才能,能够有效地组织和管理班级事务。最后,班干部要有奉献精神,能甘于奉献,不计个人得失。根据学生的推选以及班主任的推荐选取合适人员组成班委会。

第三,根据竞选或推选的结果,组建班委会。在班委会成立后,班主任要明确班委会的职责:老师在时,班委会负责班级工作的辅助管理,负责老师与学生之间的对接;老师不在时,同学们要服从班委会的安排协调。班主任给班委会立威,可以使班委会成员放心行使自己的职权,也能提升班委会在学生中的威信,使班级工作顺利进行。

第四,制订班委会的工作计划。班委会成员根据班级的实际情况,制订班委会的工作计划。组织和开展各种班级活动,如班级会议、班级聚餐、班级运动会,提高班级的凝聚力和团结性。定期评估和改进,班委会应定期评估自身的工作情况,总结经验,发现问题,并进行改进和调整。开展班干部述职活动。让班干部总结交流自己或班委会团队的工作情况,扬长补短。通过激励措施,如表彰、奖励,激发班干部的积极性和创造性。

(三) 班级会议的组织与管理

班级会议是班级组织的重要形式,是学生进行民主决策和管理的重要途径。通过班级会议,可以促进班级成员之间的交流和合作,提高班级事务的民主决策和管理水平。

1. 会议议程的制定。班级会议前应制定详细的会议议程,明确会议的目的、内容和流程,确保会议的顺利进行。

2. 会议主持人的选举。通过班级民主选举产生会议主持人,负责组织和主持班级会议,确保会议的秩序和效果。

3. 会议记录的整理。班级会议应有专门的记录员进行记录,记录会议的讨论内容和决策结果,及时整理并向班级成员反馈。

总之,班级组织的建立与完善是学生自我管理和自我教育的重要途径,对于促进学生全面发展、提高班级凝聚力和组织力具有重要意义。

(四) 学习小组的建立

学习小组是班级组织中的重要组成部分,旨在提高学生的学习效果和学习兴趣。学习小组的建立步骤如下。

确定学习小组的数量和成员。根据班级的规模和学科特点,确定学习小组的数量和成员。通常每个学科可以设立一个学习小组,每个小组4~6人。

进行组内分工:学习小组成员根据自己的学习特长和兴趣,进行组内分工,可以分为组长、作业收发负责人和班级任务布置负责人等。

制订学习计划:学习小组根据学科的要求和班级的教学进度,制订学习计划。学习计划应有明确的标准,深刻体现结构化思维,明确每个任务,统筹协调,明确每个成员的学习任务和时间安排,实现高效、深度学习。

开展学习活动:学习小组根据学习计划,组织和开展各种学习活动,如小组讨论、互助学习、资源共享,提高学习效果和学习兴趣。

定期评估和改进:为确保评估的准确性和有效性,制定详细的评估办法,明确各组标准,激发组员斗志。

学习小组的要求如下。

明确分工：在小组中，明确每个成员的角色和任务分工，确保每个人都有明确的责任和任务。分工可以根据每个成员的特长和能力进行安排，以提高小组的效率和成果。

有效沟通：组员之间要建立良好的沟通机制，及时交流信息和想法。可以通过面对面的讨论、在线平台的交流或者共享文档等方式进行沟通。同时，要鼓励每个成员发表自己的观点，尊重并倾听他人的意见，形成良好的合作氛围。

制订计划：小组合作需要制定明确的计划和时间表，确保任务能够按时完成。计划可以包括任务分解、时间安排、里程碑设定等，有助于组员们清晰地知道自己的工作重点和时间节点。

共享资源：小组成员之间要相互支持和合作，共享资源。组员之间可以共同收集和整理资料，共享学习资源，互相帮助，解决问题。通过共享资源，可以提高小组的整体素质和效率。

监督和反馈：小组成员之间要相互监督和给予反馈。可以设立定期的小组会议或者评估机制，及时检查每个成员的工作进度和质量，发现问题并及时解决。同时，要给予积极的反馈和鼓励，激发小组成员的积极性和创造性。

为了保证小组合作的效果，评价是不可缺的环节，对小组合作的评价包括以下几个方面。

任务完成情况：建立完善的完成度评价机制，形成书面表格，多方共同参与评价，评价小组合作的成果和任务完成情况。可以根据任务的完成度、质量和效果等方面进行评估。

个人贡献：评价每个成员在小组合作中的个人贡献和表现。评价每个成员在任务中的分工和责任、工作态度和积极性等，并包含小组每位成员的自我评价，以自我反思促进更多成长。

团队合作能力：评价小组成员之间的团队合作能力。可以依据团队的沟通效果、协调能力、问题解决能力等方面进行评估。

反馈和改进：评价小组合作的反馈和改进情况。可以考虑从小组成员之间的反馈机制和改进措施的有效性等方面进行评估。

评价可以通过问卷调查、讨论会、个人观察等方式进行，以全面了解小组合作的情况和成果。同时，评价结果应及时反馈给小组成员，以便他们了解自己的不足之处并进行改进。

（五）其他班级组织的建立

除了班委会和学习小组，班主任还可以根据班级的需求和目标来确定需要建立的组织类型及其具体职责。例如，学习小组可以负责组织学习讨论和辅导，纪律小组可以负责维护班级纪律和秩序。此外，还可以建立文艺小组、体育小组、社团等。

可以由学生自主投票，根据班级的特点和学生的兴趣，确定这些班级组织的类型和职责，如文艺小组可以负责组织各种文艺活动，体育小组可以负责组织体育竞赛。根据组织的职责和任务，确定合适的成员。

组织成员根据自己的特长和兴趣，进行组内分工。根据组织的类型和职责，设立相应的机构和岗位，如组长、副组长。每个岗位的职责和权限应该明确，并确保与其他岗位形成协调合作的关系。

为了提高组织的工作效果，可以组织培训和交流活动，提升成员的组织、协调和沟通能力。同时，要鼓励成员参与相关的学习和培训，提升他们的专业素养和能力。

为确保组织的工作高效有序进行，班级组织要根据自身的职责，制订工作计划，明确每个成员的任务和时间安排。班级组织根据工作计划，组织和开展相关活动，如文艺演出、体育比赛、社团活动。

这些组织同样也需要进行定期评估，主要评估组织的工作效果和成员的表现，根据评估结果进行必要的调整和改进，以确保组织能够适应班级的发展和变化，不断提高自身的工作水平。

三、班级组织的完善与发展

班级组织的完善与发展是一个持续的过程，需要班级成员共同努力和积极参与。可以从下面这些方面进行。

设立明确的组织结构，确保分工明确、责任明确。建立有效的沟通机制，通过班级群、班会、班级公告等方式进行信息传递和交流,确保班级成员对班级事务有清晰的了解。组织丰富多彩的活动,如班级聚餐、运动会、文艺晚会,增强班级凝聚力,促进班级成员之间的交流和合作。还可以组织一些特色活动,培养班级的独特文化和氛围,增强班级成员的归属感和荣誉感。

班级组织应该积极倾听班级成员的需求和意见,及时解决问题,提供更好的服务和支持。班级组织可以建立班级档案和数据库,记录班级成员的信息和活动记录,方便管理和查阅。

总之,班级组织的完善与发展需要全体班级成员的共同努力和参与,通过建立有效的组织结构、沟通机制和丰富多彩的活动,提高班级凝聚力和成员的参与度,促进班级组织的良性发展。

第二节 班级规章制度的制定与执行

一、制定班级组织章程

班级组织章程是规范和指导班级组织运作的重要文件。它可以明确班级组织的宗旨和目标,明确使命和定位,为工作提供明确的方向。

章程可以规定班级组织的职责和权力,明确各个职位的职责范围和权限,确保组织的工作有序进行;规定班级组织的组织结构和运作机制,确保工作高效有序;明确班级组织成员的权利和义务,规定成员的参与和责任,促进成员的积极参与和贡献;规定组织内部纠纷和冲突的解决机制,确保组织内部的和谐和稳定。

章程的主要内容包括班组织的宗旨和目标、组织结构和职责、成员的权利和义务、工作的程序和机制、纠纷解决的机制等。根据班级的特点和需求,确定适合班级的章程内容。

制定班级组织章程的过程可以包括以下步骤。

设立一个小组或委员会,负责收集班级成员的意见和建议,了解他们对章程的期望和需求。可以通过问卷调查、座谈会等方式收集意见,并充分考虑各方面的意见。

根据收集到的意见和建议,制定章程的初稿。初稿应该包括章程的主要内容,并尽量简明扼要,易于理解和执行。

将制定的初稿进行公示,征求班级成员的意见和建议。根据收集到的意见,对章程进行适当的修改和完善,确保章程符合班级的实际情况和需求。

在经过多次征求意见和修改后,最终确定班级组织章程。章程应该经过班级成员的广泛讨论和同意。

将最终确定的章程进行宣传和推广,确保班级成员充分了解章程的内容和要求。同时,要建立相应的执行机制和监督机制,确保章程的有效执行和监督。

通过制定班级组织章程,可以明确组织的宗旨和目标,规范组织的运作,促进班级组织的健康发展。章程应被视为一个动态的文件,并随着班级的发展和变化进行适当的修订和完善。

二、建立有效的沟通渠道

(一) 班级会议的组织与管理

班级会议是班级管理的重要环节,它有助于班级成员间进行交流、协商和决策。以下是班级会议的组织与管理的一些建议。

明确会议的目标和议程:确保会议的目标明确,议程清晰,避免过长或过短的会议。确定参会人员:根据会议主题和议程,确定参会人员,包括班主任、班委成员等。选择时间和地点:选择适合大部分人员的时间和地点,确保会议的顺利进行。

维持秩序和引导讨论:确保会议按照议程进行,主持人要维持会议的秩序,引导讨论,确保每个议题都得到充分讨论和决策。记录会议内容:任命一名学生或老师担任记录员,记录会议的主要内容和决策结果。跟进决策执行:对于会议上的决策结果,及时跟进执行,并将执行情况反馈给班级成员。信息透明度:将会议的主要内容和决策结果反馈给未能参会的班级成员,确保信息的传递和透明度。

(二) 班级群的建立与管理

班级群是一种便捷的交流和沟通的工具,适用于发布通知、组织讨论、分享资源等。建立班级群可以选择合适的平台,根据班级成员的使用习惯和需求,选择一个适合的社交平台或工具,如微信群、QQ 群、钉钉群。将班级成员邀请加入班级群,确保每个班级成员都能接收到通知并参与群内的讨论。

制定班级群的规则和准则,如尊重他人、禁止发布广告和不良信息。同时,提醒班级成员注意个人隐私的保护,避免在班级群中透露过多个人信息,确保班级群的秩序和正常运行。及时发布班级通知、考试安排等重要信息,确保班级成员及时了解和掌握。利用班级群组织讨论、问答、分享学习资源等活动,促进班级成员之间的互动和学习。

及时处理群内的问题,维护良好的群内氛围,避免与班级工作和家校沟通无关的话题或内容。班主任或班级群管理员应定期清理班级群内的无效信息和不相关的内容,保持班级群的整洁和有序。

班级会议和班级群的组织与管理对于班级的日常运作和学生管理非常重要,可以促进班级成员之间的交流和合作,提高班级的凝聚力和学生的学习效果。

三、规章制度的制定与执行

班级规章制度是指班级内部为了维护秩序、规范行为而制定的一系列规定和规定的执行办法。它涵盖了学生在学习、生活和行为方面的要求,旨在培养学生良好的行为习惯和规范的行为准则。具体来说,班级规章制度可以包括以下内容。

在学习方面,要求学生按时上课、完成作业、积极参与课堂活动、遵守考试纪律、课后及时反思复习等。在行为方面,要求学生尊重教师工作,尊敬师长、规范自身行为、遵守课堂纪律、不打架斗殴、不欺负同学等。在社交方面,要求学生友善相处、尊重他人、遵守公共秩序、不传播谣言等。在卫生方面,要求学生保持卫生、不乱扔垃圾、注意个人卫生等。在安全方面,要求学生珍惜生命,注意交通安全、不擅自离校、不参与危险活动等。在班级活动方面,要求学生积极参与班级组织的各类活动、遵守活动纪律等。

班级规章制度的目的是维护班级秩序、促进学生的健康成长，以及建立良好的学习和生活氛围。同时，规章制度也是培养学生遵守纪律和自律能力的重要手段。

班级规章制度的制定与执行是班级管理的重要环节，它有助于维护班级秩序、促进学生的健康成长。

（一）班级规章制度有哪些

班级规章制度是为了管理和规范班级内部的学习和生活而制定的一系列规定。以下是一些常见的班级规章制度。

按时上课，不迟到不早退。上课时注意听讲，不交头接耳，不随意打闹，不影响他人。不带电子产品进校园，不在课堂上使用手机或其他电子设备。尊重老师和同学，见到老师主动问好。遵守学校规章制度，不违纪，不发表不正当言论。

按时、独立完成作业，提高学习效率，不抄袭。遵守考试纪律，不作弊。

尊重他人，讲文明，不欺负或歧视他人，不说脏话或恶意嘲笑他人。遵守学校和班级的各项规定，能抵御外界诱惑，遇到困难时积极向学校和老师寻求帮助，不参与违法活动。

这些只是一些常见的班级规章制度，实际上，班级规章制度可以根据班级的特点和需要进行具体的制定和调整。在制定班级规章制度时，应包括学生的行为规范、学习纪律、考试制度、奖惩制度等内容。这些规定应具体、明确，避免模糊和含糊不清。同时，制定规章制度应考虑到学生的具体情况，以便学生理解和遵守。此外，班级规章制度应根据班级实际情况和学校的要求进行调整和完善。

最重要的是，班级规章制度的制定和执行要得到全体班级成员的理解和支持。只有这样才能真正维护班级的秩序和学生的学习生活。

（二）班级规章制度制定的方法与步骤

1. 制定过程。明确制定班级规章制度的目标，如维护班级秩序、提高学生纪律意识。听取学生、家长和教师的意见和建议，了解大家对于班级规章制度的期望和需求。根据目标和收集到的意见,制定班级规章制度的草案。草案应包括具体的规定和相应的处罚措施。组织班级会议,让学生和教师共同讨论和修改草案,确保规章制度的公平和合理性。最后,将修改后的草案提交给班主任和全体同学通过后在班级中投入使用。

2. 执行过程。在班级制度制定出来以后,要严格按照制度执行。为了保持班级制度的执行效果,班委会要做好宣传与监督工作,并在执行过程中不断对制度进行评估与改进。

宣传与培训:确保每个学生都了解规章制度的内容和意义。班级要定期进行宣传,例如召开班会,宣布和解释班级规章制度。

执行与监督:班主任和教师及班委会要密切关注班级规章制度的执行情况,及时发现问题并采取相应的措施。

评估与改进:定期评估班级规章制度的执行效果,检查其是否达到预期目标。根据实际情况,对制度进行修改和改进,以适应班级管理的需要。

总之,班级规章制度的制定与执行需要全体班级成员的共同努力。通过制定明确的规章制度、加强宣传和教育、建立有效的监督机制,可以有效维护班级秩序和学生的学习生活,使班级活动运行井然有序,班级成员各司其职,目标清晰,实现班级良性发展,促进学生正向成长。

通过以上步骤,班级规章制度能够得到有效的制定和执行,提高班级管理的效果,促进学生的全面发展。

一个班级的良性发展绝对不是由一个人或者某几个人推动的,而是一个班级所有人的向心力和凝聚力的体现。班级组织与文化建设正是实现这种向心力和凝聚力的重要媒介与手段。让班级规章制度成为人人参与、人人遵守、人人认同的准则,应该成为所有班级的共同追求,实现这一种追求需要制定清晰的规章制度、规范的制定规则和明确的评价机制,只有这样,才能形成积极、乐观、向上的班集体。

第三节 班级组织的评价与管理

对班级组织的评价与管理是确保班级组织正常运行和持续发展的重要环节。可以从以下几个方面进行评价和管理。

设立评价指标：制定明确的评价指标，如组织效率、活动质量。这些指标应该能够全面评估班级组织的运行状况和成效。

定期进行评估：定期对班级组织进行评估，可以是每学期、每学年或每学期末等。通过评估了解班级组织的运行情况和成效，以便及时进行调整和改进。

采集反馈意见：通过问卷调查、小组讨论等方式，采集班级成员的反馈意见，了解他们对班级组织的满意度和建议，以便进行改进和调整。

建立管理机制：建立班级组织的管理机制，明确各职位的职责和权限，确保班级组织的运行顺畅，避免出现管理混乱的情况。

提供培训和指导：为班级组织的干部和成员提供必要的培训和指导。发挥优秀班干部的引领作用，提升他们的组织管理能力和领导力。

激励和奖励机制：建立激励和奖励机制，对表现突出的班级组织成员给予肯定和奖励，并建立班级管理者成长档案，记录优秀的班级管理者相关事迹，激发他们的积极性和创造力。

及时解决问题：对于班级组织中出现的问题和困难，应及时予以解决，以确保班级组织的正常运行。

注重宣传和推广：通过宣传和推广班级组织的活动和成果，提升班级组织的影响力，吸引更多的班级成员参与进来。

总的来说，评价和管理班级组织需要全体班级成员共同参与和努力，通过设立评价指标、定期评估、收集反馈意见、建立管理机制等方式，实现班级组织的有效评价和管理，从而促进班级组织的健康发展。

第三章
班级文化与氛围营造

第一节　班级文化的概念与意义

班级文化是校园文化的重要组成部分,对培养学生的综合素质、促进学生的全面发展具有积极的作用。加强班级文化建设,营造积极、文明、和谐的班级文化氛围,是加强班级建设及提高班级管理的有效途径。

一、班级文化的概念

班级文化代表作为社会群体的班级所有或部分成员共有的信念、价值观和态度。其核心标识是班级成员的言行倾向、班级人际环境、班级风气等。班级的墙报、黑板报、活动角及教室内外环境布置等也是其物化体现。班级是学生成长的重要微型社会环境,学生通过班级中的学习和交往活动获得社会性的发展。作为校园文化建设的组成部分,班级文化是培养学生全面发展的途径之一。班级文化建设的核心在于塑造和完善观念体系,以适应和谐社会建设的需要与学生个性发展需求。班级文化是一个班级的灵魂,是每个班级所特有的,具有自我改善、自我约束的功能。班级文化涉及与班级有关的各类群体,既包括学生与学生之间的关系、教师与学生之间的关系,也包括教师之间以及教师与家长之间的关系。

班级文化建设是指班级成员通过多种方式，如班风建设、班规制定、教室布置、开展各种主题文化活动，以及教师的言传身教，使学生在潜移默化中受到熏陶与感染。这一过程旨在形成积极的道德情感，从而将道德认知内化、升华为道德信念和道德思想。关于班级文化建设的结构，存在多种观点，如"二层次说""三层次说"和"四层次说"。有学者将班级文化的结构分为物质文化、制度文化和精神文化三个层次。

物质文化层次包括教室设施，如多媒体、座位排列；教室布置，如文化墙、宣传板、文化角、绿植。制度文化层次包括班级制度，如班规；班级组织，如班委会。精神文化层次包括班级精神，如班训、班歌、团队精神；班级形象，如班风、班貌、班级文明。精神文化是班级文化的核心和灵魂。

二、班级文化的意义

班级文化具有指向性、稳定性、独特性、整体性、存同性等特点。加强班级文化建设，能够对学生产生潜移默化的熏陶和影响，以达到育人的目的。任何一个集体要形成特定的思维方式、行为方式都需要经过一个较长的时期。班级文化的生成与发展是一个不断建设、调整、积累的过程，绝不可能是一蹴而就的。因此，班级文化一旦形成，它是相对稳定的，会成为每一个班级成员行为的共同准则。高效的班级文化建设，都是坚持全员推进、全面推进、全方位推进的原则，使学生在不知不觉中践行着班级文化的价值取向，并产生与班级文化相契合的学习和生活模式。班级文化建设应以特定的班级价值观为导向，从个体到群体，从少数人到多数人，一直到全体成员的参与。

（一）良好的班级物质文化有利于培养学生的安全感、舒适感、和谐感

首先要让学生认识到教室是"家"，他们是班级的主人，要布置教室并让学生参与进来。在安排布置时，应遵循科学原则，让学生自己决定，包括班级的课桌是单排的还是双排的，如何摆放，班级的文化墙、宣传板设计的内容和风格，绿植的品种、养护、摆放。教师要以学生的发展为本，充分考虑学生的身心发展特点，并充分考虑他们的建议。此外，教室座位的编排对学生的学习动机、课堂学习状态和学业成绩有一定的影响。前排和中间的学生由于与教师的空间距

离较短,目光相对的概率较高,往往更能引起教师的关注,从而更积极地参与互动和学习活动。后排的学生可能会表现出消极状态。座位的前后对学生看清黑板也有一定影响。座位的排列方式有很多种,如秧田式、圆形、会议式、小组式、U形。其中秧田式排列法排列座位是目前常用的排位方法。教师容易关注和组织学生,同时也利于师生交流,节省教学空间,传授知识效果较理想,适合大班教学。良好物质文化的建设有利于给予学生安全感,这是学生在这一年中从事其他班级活动的基础。外在形式是环境的重要因素,学生会对环境留下一个整体的印象,可能调整自己的一些习惯去适应环境的变化。同时,在允许改变环境的情况下,学生还可以对环境进行改造,一个舒适、和谐的环境有利于愉悦学生的身心,让学生爱上自己的班级,并愿意自觉维护下去。

(二) 良好的班级制度文化有利于规范学生的行为

无规矩不成方圆。我们提倡民主,但民主必须建立在共同约定准则的基础上。班级管理制度是指班级全体学生根据学校的规章制度制定的,在本班级范围内适用的各种规范的总称。除了制定文字形式的班级管理制度以外,班主任还需要引导并创造舆论来支持制度的实施,使之成为班级全体成员公认的、体现其要求或秩序的行为标准。班规由学生自主制定,初案形成后一条条表决通过,班规需要从"实"出发,以必须可行、能评价为基本原则,班规制定好就要严格遵守。学生都认可的班规就成为班级制度文化的一部分,它能够让班级学生认识到自己对班级应尽的责任和义务,感受到集体的要求与期待。班级制度文化代表着大多数学生的意愿,正确的行为具有规范性,起着调控与制约的作用,影响着学生的日常行为习惯。如学生都认可,那每位学生都要自觉遵守,因为只有这样才能为学生提供一个良好的学习环境奠定了基础。如果哪位同学违反了纪律,也要依班规给个小惩罚。良好的班规为班级文化深层次的有序开展提供了制度保障。

(三) 良好的班级精神文化利于促进师生间的交流

班主任既是班级工作的领导者和组织者,也是德育的主要实施者、班集体建设的指导者,既是联系各科教师及学生之间的纽带,又是沟通学校、家庭和社会教育的桥梁。我们一定要正确定位自己,不应成为处理烦琐事务的"管家婆"，而是要做学生思想引路人以及班级建设的"精神导师"。我们要帮助学生明确奋斗目标，并确立他们的奋斗方向，增强自我责任感和使命感。我们应该指导学生规划人生，为他们导航。例如，我们可以将成功的案例印刷成小报，设计励志卡，以引导学生确定自己的近期目标和远期目标，明确奋斗方向，端正他们的学习态度，并激发他们对未来的信心和希望。通过这种方式，我们可以有效调动学生的主动性。

在班级精神文化的建设中，我们首先要更新观念，保持与时俱进，不断学习新的知识和前沿思想，创新形式和内容，用智慧和力量树立教师在同学们心中的高大形象。只有这样，学生才会真正地佩服我们，甘愿服从我们的管理。正如孔子所说："其身正，不令而行；其身不正，虽令不从。"因此，我们要在日常学习和生活中严格要求自己，做到言而有信，言而有度，言必信，行必果。当我们要求学生做到某些事情时，我们应该要求自己首先做到。例如，要求学生不迟到，我们就要在学生到校前自己先到。我们要热爱和关心学生，注重自己的服装、言谈和举止等细节。老师的这种事业心和无私奉献的精神以及为人师表的具体行为规范，能给学生以极强的示范辐射作用，并转化为特殊的感召力。

我们是班级文化建设的掌舵人，是教育学生的关键责任人，我们必须要关心学生，真正为学生着想。关爱学生是我们的根本任务，可以通过主题班会、办黑板报、写日记和谈心相结合的方式，对学生进行心理疏导工作。例如，举行"理想伴我成长"等主题活动；与学生一起学习亲情类文章、感恩类文章和励志成功类文章等；播放励志视频材料，并组织学生讨论，交流感悟和启发；开展"给父母写一封信"的活动，促进良好德育氛围的形成，引领和帮助学生树立正确的世界观、人生观和价值观，形成健全的人格和健康的心理。此外，我们还要摸清哪些学生碰到了生活难题，尽量减少学生的后顾之忧，让他们能安心地全身心投入学习之中。班主任作为班级的管理者，要做到一视同仁，要尊重、信任、理解、热爱每个学生，要关爱他们的生活、学习、思想和身心健康。我们要做到真正爱学生，运用协调的艺术，建立民主、平等、和谐的关系。

在班级精神文化建设中，我们可以充分发挥家委会和家长的作用，积极和家长沟通,实现教育和引导"无缝对接"。可以吸引家长积极参与,让学生和家长共同感受精神文化的魅力,从而形成良好的精神文化激励。为达到这个目标,我们可以让学生作为主体,鼓励家长参与包括班徽、班歌、班训的设计。

第二节 班级文化建设的原则与策略

班级文化是超越知识传授的更高层次的自觉追求,它代表一种健康、和谐、积极、向上的氛围,是班级发展中体现出来的精神特征、审美品位、创新热情、合作意识、责任担当等人文要素的综合体现。班级文化建设的原则与策略是本节探讨的主题。

一、班级文化建设的原则

不同爱好、性格、气质和文化底蕴的学生汇聚到一起,构成一个班集体,因此,班级文化就是一个"文化凝聚圈"。在共同建设班级文化时,不同个性特征的同学都遵守一定的约定,团结起来,有了共同的目标和信念,班级才能成为学生发展成长的摇篮,才能真正发挥育人的功能。

班级文化建设是一个复杂而又系统的项目,班级文化要接地气、有实效性,在制定和实施中要遵循以下原则。

(一) 遵循"以学生为主体,以育人为宗旨"的原则

育人先育德,学校是培育人的地方,一切管理活动都应以学生的全面发展为目标。以学生为主体,以育人为最终目的,这是一种管理理念,更是一种价值取向和人文关怀。

在中国传统教育观念中,教师被视为教育活动的绝对领导者,而学生是被教育的对象。一些教师过分注重自己的个人权威,导致师生关系紧张。学生过分服从于教师,思维僵化,缺乏自信健康向上的精神状态,创新精神更无从谈起。因此,教师要正确把握自己在教育教学中的位置,让学生有更多自主选择的空间。建立良好的师生关系是班级管理中学生发挥主体作用的关键所在。

　　班级文化制度在制定时要让学生参与进来。这符合学生的身心发展规律，重视个体潜能的发挥和发展，满足学生的身心发展需要，激起学生参与的兴趣和积极性，打造出适合他们自己的班级文化内容。在设计班级文化建设项目内容时，要发挥学生班级主人翁的作用，让学生成为班级文化的策划者、参与者和实施者，尤其要根据不同年龄学生的特点考虑其接受的程度。这时，教师要充当"军师"的角色，提建议、严把关，在大的发展方向上进行监督，不要偏离育人的宗旨。同时，师生需要共同努力，朝着促进初中生全面发展的方向上进行引导班级的文化建设，让每位学生"心甘情愿"地参加班级文化建设的一切活动。

（二）遵循"以平等为准绳，以尊重为基础"的原则

　　在班级文化建设中，班级中每一位成员都有自己独特的思维及想法。如果班主任只重视优等生的看法，而对其他同学的建议"视而不见，听而不闻"，就会失去公平，挫伤这部分同学的积极性，使他们以后不会参与到班级建设中来。在班级建设中我们要避免这种情况的发生。在班级文化建设中，班主任要一视同仁，只要意见合理，对班级文化建设有利，我们就采纳。这样也会让同学们有成就感，用心在实践中加以落实。在班级文化践行的过程中，我们要尊重学生为班级文化所做的一切，哪怕是一件小事，激发学生为班级服务的积极性和为班级文化作贡献的理念。只有这样，每个学生才能真正热爱自己的班级文化，快乐学习、奋发向上，进而提升学生的群体及个人的竞争力。

（三）遵循"由易到难，逐渐精细"的原则

　　班级良好文化不是短时间内就能形成的，它需要在实践中不断摸索、完善，是一个由易到难、循序渐进的过程。班级文化的建设过程本身就是使文化符合班级成员的个性发展与兴趣爱好的过程，要达到这个目标，需要时间的积淀、实践的验证和打磨。与班级的实际相结合，既有利于学生个体的成长，又能促进班级的可持续发展。因此，加强班级文化建设应遵循"由浅入深、由易到难、层层递进、逐步完善"的原则，既不能揠苗助长、急于求成，也不能急功近利、朝令夕改，更不能利用班主任或老师的权威更换或改变。从多年的班级文化实践来看，班级文化建设一般可分为逐次递进的三个阶段，即新的班级创立

初期、班级文化建设实施期、班级文化逐成体系期。新的班级创立初期是班集体内教师和学生共同构建班级文化认同感的最佳时期,主要的任务是师生共同搭建班级文化建设的方向和目标,这个过程也是教师和学生彼此沟通、交流、了解的过程。班级文化建设实施期的主要任务是结合班级实际与学校、社会活动,通过一系列丰富的活动将班级文化根植于学生的内心,慢慢成为学生自觉的、有效的思想和行为。班级文化活动的主题根据实际确定,具体的内容及形式全部由学生设计、实施、总结。在一次次的活动中,班级文化逐步定型成为同学们广泛认同、实施的模式文化。班级文化逐成体系期是不断吸收新的理念、形式,与时俱进,在发展中保持活力和生命力的时期。在班级文化建设的三个阶段中,都要遵循"由易到难,逐渐精细"的原则。

(四) 遵循"因班而宜,特色鲜明"的原则

良好的班级文化氛围是班集体中的每位成员在共同的活动中酝酿形成的。每位学生性格不同,兴趣和爱好也都有差异,班级的文化也要结合班级的实际特点,形成自己独特的风格。如果在班级文化建设中只是为了应付完成学校的一系列文化活动的任务,试图将班级文化单一化、模式化,这样的敷衍是不合适的,也不会发挥出班级文化特有的育人作用。正如世界上没有两片完全相同的树叶一样,每个班级都应该有自己独一无二的班级文化,这包括别具一格的班级名称、符合班级名称和精神的班徽、符合自己班级追求的有气势的班歌、激发全班奋进的班级口号及有特色的班规和班级文化制度等。具有特色、个性和与众不同的班级文化,能增强学生的自豪感、归属感和认同感,还能促进学生走进班级、融入班级,并为班集体、班级文化建设作出自己的贡献。因而,在班级文化建设中,班主任一定要进行深入的实践探究,结合本班级的实际情况,找到创建特色班级的切入点。在这个过程中,既要了解学生各自的特点,让他们参与进来,同时也要征求科任老师和家长的意见。可以设计调查问卷,集大家的智慧,确定好自己班级的特色方向、目标及内容。但在确立班级文化特色时,一定不能盲目跟风,与班级的主体、学生的实际相脱离,与学校这一文化母体相脱离。因此,必须在与学校文化主题相吻合的前提下,因班而宜,形成自己独特的班级文化。

二、班级文化建设的策略

我们在开展班级文化建设时，一定要清醒地认识到班级文化的形成、班级文化与班级目标的匹配的产生是一个长期的过程。对班级文化建设的管理，我们应有一定的策略。

(一) 班级文化建设中实行以文"化"人的策略

初中班级的文化建设需要深入挖掘文化的功能和文化基本特征，凸显出初中班级文化建设的核心目标，即以文"化"人。

将班级中所有物品都变为宝贵的教育资源，做到"一花一咏唱，一草一诗篇，一角一故事"，使经典与民族文化相结合，打造"高雅"的班级文化。这样的班级文化将对学生产生潜移默化的教育影响力和感染力，会使整个班级管理的文化建设如同一首曲目，浑然一体，给学生一个充分展示自己成果的舞台，起到"桃李不言，下自成蹊"之效。它直接影响学生的主观体验，因为在文化学中，"化"就是一个体现出全方位的学习和赏析文化的过程，更加强调的是群策群力的重要作用。一旦班级中形成了一种约定俗成的文化氛围，自然能够感染班级里的全体同学，形成更加紧密的向心力。如果学校对班级文化有统一的要求，我们就在学校统一要求的基础上，突出自己个性化的特点。

(二) 班级文化建设中突出"励志育人"的策略

在班级文化建设中，我们要注重加强学生的励志教育，让他们充满激情地迎接每一天的到来。

为了营造积极向上的学习氛围，响亮的班级口号也必不可少，因为口号是班级目标的浓缩，也是班集体的一面旗帜。好的班级口号一定是简约、励志、接地气的，一定能抓住学生的兴奋点，激起学生好好学习的欲望，引起学生筑梦追梦的共鸣。每班下午课前的三分钟励志演讲，同学们听得热血沸腾，对课堂充满期待，对未来充满信心。这样的活动大大提高了接下来的课堂效率。

(三) 班级文化建设中要实施"以活动为载体"的策略

"以活动为载体"是班级文化能持续发展、充满活力、螺旋上升的重要策略。这些活动以学生德、智、体、美、劳五育为依托，选取同学们所喜欢的、富有创意的活动内容,采取他们所喜欢的活动方式,让他们踊跃地参与进来。活动是否能促进班级文化建设,评价很重要,评价包括自评、互评、小组互评、老师的评价等。这既是对学生在活动中出色表现的肯定,同时每个人也能看到自己的不足,合理化的建议为下次活动积累了宝贵的经验。

中学生具有热情好动和情绪不稳定的特点。因此,在实际工作中,班主任要善加诱导,让他们主动参加丰富多彩的活动,在活动中充分了解同学,认识自我,在做好自己的同时,互帮互助,营造一个和谐、充满生命力的班集体。

关于活动内容的设计,我们应该以学校的主体思想为依托,发挥学生的主体作用。可以采用投票的形式决定活动的主题。具体如何来组织、实施、评价,都交由班委会负责,方案制定好后在班中进行公布,征求同学们的意见,加以完善。只有大家都同意的活动方案,落实起来才得心应手,才有意义。

(四) 班级文化建设中要实施以"情感为基础"的策略

把情感注入班级文化建设中,将会加强师生心与心之间的沟通,拉近彼此的距离。有时之所以会发生矛盾,是因为缺乏沟通,缺少情感交流。以情动人不是一朝一夕就能实现的,它是在班级活动中慢慢积累形成的。有时在班级文化建设中的一个眼神、一个动作和一句暖心的话都能让学生感受到"爱的力量、爱的温暖"。特别是对后进生而言,在学习方面他们往往不出色,但在班级文化活动中,他们往往会闪闪发光。老师们赞赏的眼神、同学们钦佩的目光,会让他们对未来充满希望,信心十足,甚至会因此影响他们的一生。以情感为基础,营造良好的班级文化氛围已经成为教学改革的一种必然的发展趋势。它更看重学生和老师在班级文化建设过程中的互动。班主任需要将情感教育融入引导学生自主学习和探索知识的过程,从而有效提高班级文化活动的质量,充分发挥了学生的积极性。

第三节　班级文化建设的实践方法

教师和学生这两个主体性要素影响着班级文化的形成。其中,起到最直接作用的是不断生成和发展的学生文化,即学生群体的常规行为方式和思维方式。学生文化以动态的方式促进班级文化在班级活动中累积而逐渐形成。因此,班级文化体现的是学生在班级这个育人环境中不断成长的历程。在班级文化建设中,如果我们灵活运用科学、具体的实践方法,将会收到很好的效果。

一、班级文化建设,目标导向很重要

有了目标,就有了方向。特别对于班级文化建设来说,早日确定目标尤为重要。班级文化建设目标要遵循学生身心发展规律,符合学生年龄特征,结合班级实际,着眼现在,放眼未来,切实可行,科学合理。一旦确定目标后,就要常抓不懈,让其深入人心。目标确定好一定要有具体的各层面的措施,可操作和可评价。我们可以将班级目标制作成张贴牌,放在教室醒目位置,每天晨读时让学生大声朗读,把班级文化建设目标牢记于心,外化于行,贯穿于班级文化建设的始终。

二、班级文化建设要发挥典型引路效应

在班级文化建设的过程中,我们要拥有善于发现的眼睛,表扬先进,树立典型,为学生树立榜样,为班级文化建设积累经验。班级文化建设中的一些典型案例,不仅能促进班级个人的成长,增强他们的自信心和自豪感,而且对其他学生的发展有很大的启发。他们能够成为班级的领头羊和榜样,能够起到以点带面的作用,学生与学生之间沟通起来更给力,能深入了解同伴内心,能有针对性地督促班级学生进行班级文化建设,促进班级形成良好的风气和氛围。

三、班级文化建设要创新理念,多角度扎实开展活动

班级文化建设可以与学校文化活动相结合,我们应精选能促进学生身心发展的班级文化活动。每次活动前,都要制订具体的活动方案,确保活动的顺利进行。

以五一劳动节为例,为了培养学生热爱劳动,珍惜粮食,孝敬父母的品质,班级文化建设活动如下。

（一）顶层设计，计划先行，务求实效

要发挥集体调研作用，深入挖掘居家劳动的点，做好顶层设计，制定科学计划。利用调研日，集众人智慧，设计居家劳动项目，进行整体规划，做实做细，真正做到能提高学生的劳动素养。

（二）召开主题班会，让学生从思想上引起重视

要行其事，必先打通思想通道。"劳动节主题班会"的召开，旨在培养学生热爱劳动的意识，养成良好劳动习惯，教育学生体味父母的艰辛，懂得孝敬父母。为了确保班会的有效性，提前布置学生自己搜集有关劳动节的资料。主持人也由学生来担任，各环节的设计也交给学生，充分发挥学生的主体作用。通过活动的设计、同学间的交流，让学生充分认识到劳动的必要性和重要性，树立劳动光荣的理念，为下一步劳动实践活动的开展打下基础。

（三）学生自选劳动项目，做活动的主人

劳动项目设计好后，老师不要盲目安排学生的居家劳动项目。为了提升学生的自主性和参与度，建立在线文档，让学生自主选择劳动项目。选好项目后，班主任再进行统筹规划，确保活动的顺利进行，每个小组聘用一位组长，负责规划组员们在这个项目中的活动，整理活动过程，汇总活动成果，进行总结汇报。对所聘用的组长采用学生和老师投票的方式产生，学校发放聘书。只有喜欢的、感兴趣的活动，学生才会产生期待感，在活动中才能全身心地投入，结出最好的劳动果实。

（四）居家劳动中，学生虚心请教大展身手、劳有所获

居家劳动活动包括房间整理、种植养殖、自制美食、智做修理等四大项活动。以房间整理为例，房间整理包括卧室收纳整理断舍离、客厅收纳整理换新颜、厨房擦洗拖地清厨余、卫生间（或院落）洗衣扫地清垃圾等。这些项目说起来简单，做起来却没那么容易。小张同学说："看着妈妈每天把厨房收拾得干干净净，以为是件很轻松的事，今天自己实践了一下，才发现还真不容易。厨房是重油污地带，直接用抹布和清水擦洗费时、费力，效果还不好。妈妈是这方面的专家，她教我在打扫时穿好围裙、戴上手套、找来厨房专用去污剂、抹布，先做

好准备工作。把去污剂喷在第一块抹布上，开始擦第一遍，擦完再换第二块和第三块抹布擦第二遍和第三遍。这时自己已腰酸背痛了，但看着擦洗得干干净净的厨房时，一种成就感油然而生。同时，我也深刻体会到妈妈每天的辛苦。"在居家劳动的过程中，学生培养了自己的劳动技能、和谐了亲子关系、懂得了传承与孝顺，这是在课堂中所体会不到的。自制美食包括做胶东大饽饽、面条、葱花油饼、饺子，学会清洗、清理一种海鲜，学会烹饪一种简单海鲜等。班上的小孙同学自选项目是做胶东大饽饽（花式面食）。在妈妈的指导下，他充分发挥创意制作出了备受同学们喜爱的面食。小孙同学说："通过这次居家劳动，我学会了胶东花饽饽的做法，也体会到了其中很多的乐趣。从和面、揉面、制作形状到醒发、出锅，整个过程用了大约两小时。看着自己的作品，我心中无比自豪，同时，我也感受到了妈妈的辛苦。今后，我要利用学习之余帮妈妈分担更多的家务。"学生在居家劳动的过程中，动手又动脑，收获了满满的愉悦感和幸福感，家长也感觉到孩子长大了，和谐了亲子关系。

四、班级文化建设要与多媒体平台相结合

每位学生都希望自己的成果能被展示和肯定。把学生线下参与文化建设的过程和成果在线上多媒体平台进行展示，学生成就感满满，调动了学生参加班级文化建设的积极性。

以五一居家劳动活动为例，学生在多媒体平台上传自己的劳动成果，写下真实感言。多媒体平台就如一个时光照相机，记录了学生精彩而幸福的时刻。若萱同学在照片详情中写道："鲜花盛开的季节，怎么能少了鲜花美食？为爸爸妈妈做顿早餐，感谢他们的付出和陪伴。鲜花疙瘩汤温暖了早晨，也让我们幸福了一整天。"不单是父母，任何看到照片的人心中都暖暖的，仿佛都品尝到了美味的早餐。一幅幅灵动的照片，让学生体会到一粥一饭来之不易，感受到劳动的艰辛与快乐。家长也很欣喜地发现孩子们长大了，懂得孝顺父母了。

品德为先，成功在后。优秀的品德将使一个人终身受益。水是生命之源，在节水日到来之际，为了提高学生的节水意识，班级开展了"节约用水从我做起"主题班会，还开展了"节约用水小报我设计"活动，利用多媒体平台进行展

示。在多媒体平台上创建"班级文化之立德模块——节约用水从我做起"模块，学生把自己设计的小报在平台上进行展示，在互相学习的同时，让节水意识深入每位同学的心中。

当学生与家长一起欣赏自己和同学们多媒体平台的小报时，无疑是将节水的意识外化于行，同时也是"小手拉大手"的过程。

五、班级文化建设要注重家校沟通，发挥合力作用

成立家长委员会，借助多媒体平台实现家校连线、智慧家长、经验分享、最美瞬间等功能，有效地解决了班级文化建设和学生学习成长中的系列问题。优秀家长的经验交流往往是来自真实的家庭生活，更具有可借鉴性和可操作性。

在班级文化建设方面，要虚心接受家长好的建议，助力班级文化建设。对于班级中的一些疑难问题，有时家长更能提出创新性的建议。

（一）智力资源

家长们看待问题的方法、思考问题的角度与众不同，能够跳出教师教育的思维定式。对于教育，他们有着许多自己的想法和值得借鉴的做法，这些智力资源可以说是十分丰富的。因此，要把家长的热情充分调动起来，充分发挥他们的聪明才智，为班级建设出谋划策，让他们参与到班级管理中来，营造班级文化氛围，为班级文化的建设开辟新路径。

（二）人力资源

班级的家校工作要开展，必须建立一个平台，才能在学校教育和家庭教育的聚合中发挥力量。这个平台就是班级的家委会。可以通过投票，动员对教育有理解、有激情、有行动力的家长加入家委会。这些家长参加班级文化与家风建设，组成"智囊团"，专门解决其他家长的困惑。

六、班级文化建设要注重评价机制

在班级文化建设中，各项活动的扎实开展离不开有效的评价机制。针对每项活动，需要根据其具体内容的设计相应的评价内容，评价可包括教师评价、学生评价和家长评价。学生评价又可分为自评、他评和小组评。将物质奖励和精

神奖励相结合，从各个层面设计评价体系，既能调动学生的参与积极性，让他们了解到自己的优点并充满信心，也能让他们发现自己的不足之处，明确自己今后努力的方向。

为了抓好班级文化建设，必须建立正确的班级文化评价机制。这种文化机制可以对文化活动进行正确分析、归纳和提炼，引导班主任将班级管理上升为理念管理。

优秀的班级文化对于班级建设至关重要，而如何建设优秀班级文化则需要班级文化评价的引导。因此，正确的班级文化评价对于班级乃至学校文化建设都具有深远的意义。只有通过科学的文化建设评价，才能引导班级建设适应未来发展的班级文化。

总而言之，班级文化是校园文化中不可或缺的组成部分，是常态性的活动。为了提高这一活动的实效性，在落实过程中需要遵循科学的实践性原则，随着班级文化活动不断深入地开展，逐渐形成班级浓厚的文化氛围，优化育人环境，让校园的每个角落"动"起来，使其班级文化正成为润物无声的和谐育人音符。

第四章
班级特色活动与课堂管理

校园是一个充满青春与活力的地方,学生正处在长身体、增知识的关键时期。他们精力旺盛,求知欲强,渴望有一个展示自我的舞台。他们需要在活动中被认可。

班级作为学校的一个重要组成部分,是师生开展各项活动的主要阵地。班主任需要通过组织各项有意义的教育活动,增强班级的凝聚力、集体的纪律性、班级的荣誉感等。良好的班风和学风能够让学生在课堂上相互关注、参与、支持和欣赏,形成健康的课堂氛围。有效的课堂管理有助于形成良好的课堂风格,提高课堂的凝聚力。一个目标明确、组织有序的课堂有助于创造一个有益的学习环境,有利于学生身心健康成长,从而促进课堂管理,提升教学质量。

第一节　特色活动的策划与实施

特色活动是由班主任组织的班级活动,是以学生的兴趣、需要、经验和能力为基础,在班主任的指导下,有目的、有计划地为实现班级管理、教育目标而举行的各种教育实践的特色活动。特色活动的种类多种多样,按活动空间可分为课内活动和课外活动;按活动内容可分为德育活动、科技活动、文体活动、劳动活动和社会实践活动等。特色活动是促进学生德、智、体、美、劳全面发展和实现学校教育目标的重要途径。

特色活动是一个充满智慧和艺术体验的平台，不仅能教会学生知识，更能培养学生能力。因此，我们要为学生创造更多施展才华的空间，搭建丰富多彩的活动平台，可以参考以下有意义和特色的活动。

活动1：每日两宣誓　为了激励自己和提振精神，每天早晨进入教室后，由一位值日生带领全体学生宣誓。在清晨，学生同温誓词，以充满力量和活力的状态开启新的一天的学习。每天下午，值日生再次带领大家宣誓，以保持整个下午的学习状态。

活动2：晨读任务化　早晨是一天中记忆的黄金时段，然而学生往往在晨读时该出声时不出声，或者声音越来越小，交谈声越来越大。为解决这一问题，可以对班级的晨读进行规范，课代表在黑板上写下晨读内容，以10分钟为单位，确保学生有序、有效进行晨读。

活动3：每日激情跑操　特色活动最能增强班级的凝聚力，两操是每天都要进行的班级活动，也是提高凝聚力不可错过的机会。每天学生喊着嘹亮的班级口号跑操，能让班级更团结、更奋进。

活动4：课堂回答问题记录　为了鼓励学生在课堂上积极参与和表现自己，可以每节课后让组长对本组回答问题情况，以计分的形式记录每节课学生的表现情况，一个周一汇总，一个月一展示。

活动5：值班日志　为提高学生的责任感和班级管理水平，可以实施一项轮流做值日班委的制度。值日班委负责记录一天的班级表现，包括迟到、违纪、自习外出、讲台、讲座和黑板卫生情况。他们不负责管理，而是将记录的情况反馈给班委。每天下午，值班学生对当天的情况进行反馈，指出班级问题，提出班级意见，表扬班级亮点。再由班主任来强调、提醒和总结，确保所有学生都参与进来，共同维护班级的良好秩序。

活动6：每月诚信小组、诚信个人评选　为培养学生的诚信意识和团队合作精神，可以每个月进行诚信小组和诚信个人评选。这种形式可以培养孩子的进取心、毅力和创新精神，让他们在成长过程中树立良好的道德风尚。

活动 7：家长给孩子的信　在微信群发起倡议，倡导家长给自己的孩子写信。书信看似传统，但有时能帮助家长和孩子之间消除代沟。有些当面不好意思说的话，通过书信就能自然地表达出来。确保家长的书信先发给我们，然后由我们再转交给学生，以确保信息的准确传达。

活动 8：每周班会课制度　每周一晚自习的班会课，由多位班委共同主持。我们鼓励学生参与并提出异议。最初对班会课提出异议的学生比较多，随着时间的推移和班规的完善，班会课逐渐转向班委对上一周存在的问题进行点评和总结。我们注意到，班内的每一条班规都是在一次次班会课上制定和慢慢完善的。

活动 9：抓好每一次月考教育　在每一个月考周期中，坚持把"学习目标"放在首位，月考成绩公布后，对进步和优秀学生进行表彰，并将名单贴于教室内，以示鼓励。同时，对在考试中暴露问题的学生，要耐心地与他们谈话，用爱去关心、教育学生。

活动 10：开展趣味体育活动　初中的学习生活紧张而劳累，除了文化课的成绩以外，体育成绩也很重要。可以在班级中开展以小组为单位的趣味体育锻炼活动，如踢毽子、一带一跳绳、接力投篮，而且每次活动都记录各组的成绩，前两名的小组在班级周考核中获得单项加分。这不仅有效缓解了学生的学习压力，提升了学生的身体素质，也提升了学生的小组合作意识和集体荣誉感。

在开展特色活动时，班主任不能只从自己的角度发号施令，而应考虑到学生的年龄特点、经验兴趣和生理、心理特征以及认知规律。这样学生才能在活动中收获科学知识，锻炼认知能力和思维能力。

此外，特色活动开展也不能是"大锅饭"。每个学生都有自己的特点和差异。在激发学生参与意识的同时，还应尊重学生的个体差异。因此，组织活动时可设计三种不同层次的活动：集体活动、小组活动和个人活动，以满足不同学生的需求和兴趣。把集体活动与个性化活动有机融合，充分发挥学生的主动性和创造性。要适当增加特色活动的趣味性和体验性，吸引学生参与，提高活动的有效性。

班级管理的核心目标是落实立德树人的根本任务。通过开展富有创意的特色活动，我们可以丰富学生的学习生活，帮助他们树立正确的人生观、世界观和价值观。这些活动也有助于增进班集体的凝聚力，形成良好的班风、班貌。

综上所述，我们的工作目标是创造一个充满温暖、力量的班级环境，学生有归属感，班级有秩序、有凝聚力。

第二节 课堂管理的技巧与策略

课堂当然需要管理，管理课堂也有技巧。

课堂是教育教学的主阵地，我们要有耐心、有恒心，从课堂内外出发，掌握教育教学的艺术，有效管理课堂，智慧地促进学生成长。

我们经常发现，同是平行班，有的班主任带出来的班级一直成绩斐然，有的班主任带出来的班级成绩却很一般。究其原因，有可能是教学能力有差距，但更主要的是课堂管理效果不好，导致课堂效果差。

我们知道，课堂是教学的主阵地。要想取得良好的教学，就必须抓好课堂管理。随着时代的快速发展，教育也发生了很大的变化。如今的学生与以前的学生有很大不同。现在的学生大多生活优越，不愁吃穿和花销，但由于缺乏对物质贫穷和艰苦生活的体验，许多孩子对于漫长单调的学习和灌输式的教学感到厌烦和抗拒。班主任如果上课时没有良好的管理，只管自己的学科，这种班级管理是不会有好效果的，甚至可以说是失败和不负责任的班级管理。

上课是一个综合活动，需要老师和学生的共同努力。因此，必须要了解师生关系和教学关系的重要性。那如何做好课堂教学管理呢？

一、引导学生正确认识和评价自我

我们应该采取多种手段，帮助学生正确认识自我、评价自我，帮助他们培养积极向上的良好心态，树立学习的信心和决心，激发学习动力。在促进学生自我管理的过程中，我们要经常帮助学生总结自己的行动和体验，客观、全面地评价自己的道德品质和文化素质，从而使其自我认识的水平得到提高。

二、培养学生良好的学习意志和毅力

良好的学习意志品质是实现学习意志行为的根本保证。当学生对自己的学习目标有明确而深刻的认识时,他们能自觉地投入学习,并坚定地追求既定的学习目标。学习自觉性是一种可贵的意志品质,它使人自觉、独立地调节自己的学习行为,坚持完成自定或指定的学习任务,而不需要家长、教师的督促。

三、与学生共同制定课堂盟约

根据学科特点和班级风格,我们需要与学生一起制定一套共同遵守的课堂规则,包括候课、课前准备、上课纪律、教学秩序等方面,对于表现好的和不好的学生,我们应该制定相应的奖惩措施。这样,课堂就有了规矩,师生约定而守。学生心存敬畏,自然就会认真上课了。

四、创新班级管理机制

创新班级管理机制,就是要改革和完善现有的班级管理模式,提高学生的自主管理能力,培养学生的自主性和创造性。学生通过担任多种班级管理角色,提高自主管理能力,在集体活动中承担责任,服务于集体。这不仅能增强学生的集体意识和班级凝聚力,而且能使学生获得班级管理的积极体验。

五、明确课堂教学双边要求

当老师提问时,学生应积极思考,有的问题需要举手回答,有的则抢答。当有学生在黑板上展示时,其他的学生也要独立完成老师提出的问题。当老师提出问题后,学生先要自己独立思考,然后老师下达小组讨论的指令,大家共同讨论形成一致答案。学生回答时,大家要安静聆听,如对学生回答有异议,可举手修正或补充,对表现好的同学应给予鼓掌赞许等。

六、建立课堂学习小组

在课堂教学中,应突出以学生为主体。对于一些疑难点和拓展问题,单个学生可能无法独立完成,因此,在课堂教学中设立学习小组是必要的,以便他们相互学习、互相帮助。当遇到问题时,学生分组讨论,激发学生思维,激活集体智慧。同时,可以实行小组式学习,提高学习效果。

七、优化好学生课堂学习过程

课堂学习是一个严谨的过程,随意地学习会使学习效果将大打折扣。传统的教学中老师进教室,学生才开始准备,老师讲,学生听。这种方式导致学生很难抓住教学重难点,无法有效地消化当堂知识,从而影响学习成绩。因此,我们需要优化课堂学习过程。一个完整的课堂学习过程应该包括预习、学习、复习、练习四个环节。只有课前预习,课中认真学习,课后及时复习,加强巩固练习,才能保证学好当堂知识。

八、完善课堂教学评价

在课堂上,当学生回答完提问或完成布置的任务后,我们要及时给予评价,并纳入班级小组考核中,这样,可以提高学生的积极性,培养学生积极参与的习惯。在课堂小结时,我们要对当堂的学生表现和小组的整体表现再次给予总结点评,以进一步激励学生。

第三节　特色活动与课堂管理的融合

随着教育教学的不断发展,特色活动与课堂教学管理的融合也成为越来越受关注的问题。特色活动与课堂管理的融合是指教师在教学过程中,不仅注重教学内容和教学方法,同时也注重特色活动,通过合理的特色活动,营造良好的教学环境,进而提高教学质量。特色活动与课堂管理相融合是一种有效提高教学效果的教学模式。

作为教师管理班级的一种方式,特色活动应该与教学相结合,以提高班级的效率和学生的满意度。首先,特色活动在学生思想品德和行为习惯的养成方面具有重要作用。特色活动可以通过规范学生的言行举止、提升学生的规矩意识和积极向上的态度,帮助学生养成良好的个人修养和品德素质。其次,特色活动对学生的学业成绩也有一定的帮助。合理的特色活动能够打造良好的学习氛围,提高学生自我学习的积极性和主动性,从而对学生成绩的提高产生积极影响。

将特色活动与课堂管理相结合,对于班级纪律的管理提出了更高要求。合理的班级纪律管理能够有效避免学生的违纪行为,确保课堂秩序和教学质量。首先,要加强课堂管理与班级纪律管理相结合。这需要我们具备一定的教学经验和教学策略,合理安排课堂时间和教学内容。通过借助教学工具、案例分析、小组讨论等方式,引导学生主动参与课堂。其次,班级纪律管理与学生个体管理相结合。我们要及时发现学生的问题,帮助学生解决困难和树立自信心,激发学生的学习兴趣,进而让学生更加融入教学过程,提高学习效果。

以学习语文诗词为例,班级布置了制作诗集的作业,以小组为单位评比。各小组纷纷行动,有的负责版面设计,有的负责素材整理,有的负责诗集内容录入,分工合作,各司其职,制作的诗集都非常精美,很有质量。相反,有的小组没有很好地合作,不能齐心协力去做事,制作的诗集效果差多了。对诗集采取自评、互评、老师评相结合的办法,评出优秀小组进行奖励。奖品有笔记本、糖果、免写作业等,排名最后的小组有惩罚擦黑板等。对小组有奖有罚,这样小组积分评比才有生命力。

在多次特色活动开展过程中,有时候我们会发现一些学生虽然不喜欢组规对他的约束,学习上也不怎么上进,在评分上挫败,但在特色活动中却十分出彩。丰富多彩的特色活动是小组合作课堂管理模式的保障和支撑,这些活动调动了学生的积极性,增强了小组的凝聚力,在一定程度上使小组得以有序良好地运行。

班级活动事务琐碎,如何巧出妙招,另辟蹊径,激励学生实现自我管理和自主成长,我们又尝试在实施小组制的同时,进行了积分升级制,向积分多的优秀同学颁发诚信币。

第一,实施激励制。根据小组和个人的积分情况,对于在各科课堂答问积极、主动服务集体等方面表现特别突出的学生,采用积分升级的方式,向优秀同学发放诚信币进行奖励。这种激励制巧妙地融入班级管理，让每一个学生都能被看到，激发学生自我成长的内动力。

第二，每周进行一次评比，累计积分排在前五名的学生，当选为"积分达人"，并颁发诚信币。诚信币可以兑换奖品。诚信币分为铜币和金币两种，五个铜币可以兑换一个金币。例如，一个诚信铜币可兑换一个棒棒糖或一支笔；两个诚信铜币可兑换一个精致的小玩具或一个精美笔记本，三个诚信铜币可以兑换美味的小零食和更多实用的学习用品等，而诚信金币可以得到更高级别的奖品。除物质奖励外，还会向"积分达人"颁发"喜报"。物质和荣誉的双重奖励，让学生有了满满的认可感和获得感。

特色活动与课堂管理相结合是一种应用性极强的教学模式，但是要促进两者之间的深度融合并提高教学效果，还需要注意以下几点要求。首先，应根据不同年级、不同班级，对班级管理措施的力度有所不同。例如，初中阶段学生在行为习惯、学业规划等方面能力有待提高，我们应该加强监管力度，引导学生规范学习。其次，我们应该注重教学方法的改进，丰富教学内容。应该做到因材施教，精心设计教学方案，增强学生的积极性和主动学习能力。同时，我们与学生的互动也要采用多种多样的教学方式和教学手段。最后，特色活动与课堂管理要有良好的配合和协同，我们和任课教师要协同行动，提高教学效能。同时，我们也需要充分发挥家长的重要作用，争取家长的理解和支持。

总之，特色活动的成败直接影响到课堂教学效果和学生的身心健康。在特色活动与课堂管理的融合实践中，必须将活动和教学紧密结合，优化班级管理措施，加强学生日常管理，以提高教学效果和营造良好的教育教学环境。因此，我们应该不断积累教学经验，发挥特色活动的潜力，让学生真正获得知识和能力，成为更好的人。

第五章
促进学生的心理健康

第一节　掌握学生的心理发展特点

初中阶段是学生身心发展的一个转折点。他们正在与童年告别,踏入一个全新的成长和变化时期。在这一阶段,他们身体的各个方面都在迅速发育,与此同时,心理也在发展。但由于身心发展的不平衡、不稳定,他们常常出现各种心理矛盾和心理冲突。这个阶段被称为"心理断乳期""风暴期"或"动荡期"。

了解初中生在成长过程中的心理发展特点,对于家长和老师来说至关重要。只有深入了解这一群体的特点,我们才能在学习和生活上与他们建立良好的沟通模式,从而更好地促进他们的成长。

一、自我意识不断增强

许多心理学家认为,青春期是自我意识发展的第二飞跃期。个体在进入青春期以前,已经经历了一次自我意识发展的飞跃期,其年龄在1至3岁,主要标志是儿童开始用代词"我"来标识自己。在接下来的几年里,儿童的自我意识虽然仍在继续发展,但发展的速度则是相对平缓和稳定的。

进入青春期后,由于身体迅速发育,初中生很快出现了成人的体貌特征。这种生理上的变化发生得过于突然,使他们在困惑的同时,不自觉地将自己的思想从客观世界中抽离出一部分，重新指向主观世界，使思想意识再一次进入自我，从而导致自我意识的第二次飞跃。

其突出表现是，初中生的内心世界逐渐丰富起来，在日常生活和学习中，他们开始将很多心智用于内省。"我到底是个怎么样的人？""我的特征是什么？""别人喜欢我还是讨厌我？"一系列关于"我"的问题，开始反复萦绕于他们的心中。这种倾向在他们所写的作文和日记中，都可以清楚地观察到。例如，同是以"我看到了什么"为主题的作文，小学生通常只是纯粹地描述客观世界的景象，而初中生在描述客观世界的同时，还会带有十分浓重的个人情绪情感。在作文中，他们更突出了个人的喜好、烦恼和憧憬等元素。

再比如，同样是记日记，小学生的日记主要记录的是当天发生的事情以及自己对此的肤浅认识。他们记日记的态度也不自觉，经常是在老师和家长的催促之下才完成。而且，他们对于日记的保密性也无过高要求，有时甚至主动提供给别人看。

根据心理学家的调查，初中生的日记发生了明显的变化。首先，日记内容发生了很大变化，初中生的日记更侧重于表达自己的体会和感受。这些体会和感受直接来自自我观察、自我反省、自我批评以及自我期望等。其次，初中生写日记的态度也开始自觉自愿，真正出自表达思想及宣泄情绪的内心需要。再次，他们开始将日记视为自己的绝对秘密，并小心加以保管，不会让他人翻看。初中生日记的特点，表明他们的内心世界逐渐丰富，他们经常沉浸在关于"我"的思考和感受中。也恰是由于这一点，导致了他们个性上的主观偏执性。

成人感——独立意识增强。进入青春期后，孩子感到自己已经逐渐成熟，渴望扮演成人角色，产生强烈的自立愿望，要求独立，要求被尊重。进而表现出一系列独立自主的表现：他们不再像过去那样完全依赖老师、家长，不再事无巨细地请教大人，不再敞开心扉分享所有的想法和感受，他们有自己见解和社会交往。他们渴望家长承认，要求与成人建立一种朋友式的新型关系，迫切要求老师和家长尊重和理解自己。若师长还把其当"小孩"对待，加以过分限制、保护、控制或惩罚等，孩子会产生抱怨和抗拒心理。由于强烈的自立愿望，这一时期的孩子开始疏远父母，更乐于和同龄人交往，并寻找志趣相投、谈得来的伙伴。

自尊感——易走极端。青春期的孩子会产生自尊需要——自我尊重和社会尊重,前者包括独立、自由、自信,以及对成就和荣誉的向往等,后者包括希望被人认同,受人尊敬,自己的才能和成就可以得到社会承认。然而青春期孩子的自尊感体验易走极端。当他们的自尊需要得到肯定和满足时,往往会沾沾自喜,甚至得意忘形;而当自尊需要不能被满足时,他们可能情绪低落,甚至出现破罐破摔、自暴自弃的情况。

自卑感——自我防卫。自卑感萌芽于少年期,易产生在青年初期。有强烈自卑感的人易产生防卫心理,如伪装、回避和自暴自弃,不肯面对现实,丧失独立向上、自强不息的斗志。让孩子产生自卑的原因主要有自我形象危机(自我形象是青春期孩子最关注的问题之一)、能力低下、家人不重视、成绩落后、批评过多、家庭经济情况不好等。他们希望具有优势,得到他人表扬和好评,渴望被别人尊重和接纳。例如,我们常常会发现,如果孩子的父母未经其同意就到学校去送东西,如雨伞、书籍,这个孩子就会非常生气,尤其是当父母形象不是那么出色时。

初中生这种突然增强的自我意识,使得其个性出现了暂时的不平衡性。他们希望得到他人的尊重,自己提出的想法能够得到认可。当他们遭到误解或者体验到强烈的挫折感时,反应可能会非常强烈。因此,在和孩子的沟通过程中,我们要更加尊重孩子,尊重他们的想法以及个性,避免以命令的口吻和他们进行沟通。

二、反抗心理表现强烈

反抗心理是初中生普遍存在的个性心理特征。这种特征主要表现为对一切外在力量予以排斥的意识和行为倾向。

(一)反抗心理产生的原因

初中生反抗心理的产生,首先与自我意识的高涨有关。随着初中生自我意识的高涨,他们更倾向于维护良好的自我形象,追求独立和自尊。然而,他们的某些想法及行为不能被现实所接受,因此会屡遭挫折。在这种情况下,他们就可能产生偏激的想法,认为其行动的障碍来自成人,从而产生了反抗心理。

中枢神经系统的兴奋性过强是导致初中生反抗心理出现的第二个原因。只有当中枢神经系统的功能与身体外周相应部分的活动协调一致时,个体的身心方能处于和谐状态。然而,生理学的调查表明,在青春期开始时,个体有关性的中枢神经系统的活动性明显增强,但性腺的机能尚未成熟,两者尚不协调。其结果表现为,个体的中枢神经系统处于过分活跃状态,使初中生对于周围的各种刺激,包括别人对他们的态度等表现得过于敏感,反应过于强烈。

独立意识是初中生产生反抗心理的第三个原因。初中生迫切要求享有独立的权利,将父母给予的生活上的关照及情感上的爱抚视为获得独立的障碍,将教师及社会其他成员的指导和教诲也看成对自身发展的束缚。为了获得心理上独立的感觉,他们对这些外在力量都有不同程度的排斥倾向。因此,可以说初中生的反抗心理,在很大程度上是为了否认自己是儿童,确认自己已是成熟的个体。

(二) 两个反抗期

在个体的发展过程中,存在两个反抗期。第一反抗期出现于 2 岁到 4 岁之间,这与自我意识发展的第一个飞跃期部分重叠。这时期儿童的反抗主要是身体方面的,即反对父母对他们身体活动的约束。

第二反抗期则出现于初中阶段,这时的反抗主要是心理方面的,例如,他们希望成人能尊重他们,承认他们具有独立的人格。

(三) 出现反抗行为的情况

1. 当独立意识受到阻碍时。初中生内心的独立要求很强烈,但父母却没有做好这种思想准备或尚未来得及适应这种情况,仍以过去那种十分关怀的态度对待他们,结果导致反抗行为。

2. 当自主性被忽视或受到妨碍时。例如,父母不听取初中生的意见,一味地将他们置于被支配从属的地位。

3. 当个性伸展受到阻碍时,也将使他们极度反感。

4. 当成人强迫初中生接受某种观点时,后者拒绝盲目接受,表现出对抗的倾向。

（四）反抗方式多样

初中生的反抗方式也是多样化的,有时表现得很强烈,有时则以内隐的方式相对抗,常有以下几种具体表现。

1. 态度强硬,举止粗暴。有相当一部分初中生,会以一种"风暴式"的方式对抗某些外在力量。这种反抗行为发生得十分迅速,常使对方措手不及。当时的任何劝导都无济于事,但事态平息之后,这种强烈的反抗情绪也将较快地随之消失。

2. 漠不关心,冷淡相对。初中生的另一种反抗不表现在外显的行为上,只存在于内隐的意识中。这种情况常出现于性格内向的初中生身上。他们不直接顶撞,但却采取一种漠不关心、冷淡相对的态度,对对方的意见置若罔闻。这种反抗态度和情绪不易随具体情景的变化而转移,具有固执性。

3. 反抗的迁移性。初中生反抗行为的迁移性表现为,当某一人物的某一方面的言行引起了他们的反感时,他们倾向于将这种反感及排斥迁移到这一人物的方方面面,甚至将这个人全部否定。同样,当某一成人团体中的某个成员不能令他们满意时,他们就倾向于对该团体中的所有成员均予以排斥。这种反抗的迁移性常使初中生面对是非时产生困惑,在情绪因素的左右下,他们常常会排斥一些正确的东西,这对他们成长带来不利影响。

三、心理呈现两极性

（一）情绪的两极性

青春早期的孩子,在情绪方面表现出半成熟、半幼稚的矛盾性特点:强烈、狂暴与温和、细腻共存,可变性与固执性并存,内向性与表现性并存。

许多家长可能有深刻的理解,感觉自己的孩子有时脾气很好、很听话,但有时脾气又特别大,为一些家长眼中的"小事"大吼大叫、大发脾气。有的孩子甚至做什么事都与父母对着干,经常发脾气。例如谈写作业的事,孩子刚才还好好的,突然就让父母出去。家长感觉自己的孩子有时说得通,但有时又很"固执";有时很内向、腼腆,有时又想要表现自己,很大胆。

（二）意志的矛盾两极性

在意志方面，初中阶段的孩子也表现出明显的两极性，如积极与消极、认真与马虎、努力与懒惰、守纪与散漫、果断和犹豫并存。

这是因为随着孩子年龄的增长，他们的身体和心理等方面都得到了进一步发展，认知水平进一步提升。他们逐渐明白了很多道理，如学习的目的、自己未来的期待。然而，其中有些认知是模糊的或是低水平的。此外，这个年龄段的孩子自我控制力相对较弱，故意志方面就表现出两极性。

（三）人际关系的两极性

1. 朋友关系中的矛盾两极性包括友情和孤独、亲切和冷漠、参与和旁观等。他们进入初中后，小学生那样扎堆玩耍的交往方式正在逐渐改变。随着心理上的不安和焦躁的增加，他们需要有一个能倾吐烦恼、交流思想并能保守秘密的地方。因此，他们的交友范围逐渐缩小，最要好的朋友一般是一两个志趣相投、性格相近、可以倾诉心声的忠诚的同性朋友。

2. 对父母孝顺和顶嘴的矛盾情感。孩子进入青春期后，很多家长发现，自己的孩子有时表现得很孝顺，有时又常常顶嘴，感觉不像同一个人。亲子间的矛盾变得复杂化，孩子开始有了自己的想法并常常反抗。有的亲子关系因此变差、变得很糟糕，有的甚至会引发悲剧。

那么青春期的孩子为什么会这样呢？这是因为进入青春期后，孩子在情感上有了其他的依恋对象，与父母不如以前亲密了；在行为上，反对父母对他们的干涉和控制，要求独立的愿望非常强烈；在观念上，和以往完全接受父母家长的教育指导不同，他们开始审视许多以前一贯信奉的观点，审视的结果可能与父母意见不一致。同时，随着初中生生活范围的扩大和分辨能力的增强，他们会发现父母身上的一些缺点，他们也可能会有其他偶像出现，父母的榜样作用因此被削弱。

针对初中生的心理特征，家长和老师可以采取以下几点措施。

1. 建立良好的沟通机制：家长和老师应转变自己的角色，做孩子成长的陪伴者。建立起与孩子良好的沟通机制，关心孩子的学习和生活，了解他们的情绪和心理状况。在沟通过程中，要保持平等、开放的态度，尊重孩子的意见和想法,鼓励他们主动表达自己的感受和需求,避免当众批评他们。

2. 提供积极的情感支持:家长和老师应学习倾听技巧,深层次倾听孩子的声音。在孩子有情绪低落、焦虑等负面情绪时,应该允许并接纳孩子负面情绪的表达,提供积极的情感支持。鼓励他们坚强面对困难,给予他们适当的安慰和鼓励,帮助他们重建信心和积极的态度。

3. 减少对孩子的控制:初中生在自我约束和自我控制方面还比较薄弱,家长和老师应该引导他们适度自我约束,帮助他们建立良好的行为习惯和价值观念。同时,也要给予他们适当的自由和空间,相信他们有自我管理的能力。给孩子做决策的机会,培养孩子解决问题的能力。

4. 关注心理问题:初中生心理问题可能较为隐蔽和复杂,家长和老师应该关注孩子的情况,及时发现并处理这些问题。为孩子提供适当的心理支持和帮助,避免问题进一步恶化。

5. 适度的社交活动:初中生的社交需求比较强烈,家长和老师可以引导他们适当参加社交活动,提高他们的交际能力和团队合作精神。同时,也要帮助他们理解和尊重别人的意见和感受,培养良好的人际关系。

6. 提高认知能力:初中生的认知能力在逐渐提升,家长和老师可以运用多种方式,如阅读、游戏、讨论,拓展孩子的认知边界,提高思维能力和创新能力,为他们未来的学习和生活打下坚实的基础。

只有对初中生的心理发展特点有了全面了解,家长才能与孩子进行合理的沟通,进行正确的引导。这样可以帮助孩子在成长过程当中避免走上歪路或者浪费宝贵的学习时间。

第二节 班主任心理健康教育的重要性

青少年学生正处于身心发展的重要时期,如果缺乏正确的引导和教育,他们的身心发展可能会出现各种各样的问题。在青少年学生的成长过程中,教师对学生的影响是深远且潜移默化的,有时甚至是直接的和具有决定性的。而班主任作为一个班级的组织者和管理者，与学生接触时间最长，频率最高，也最了解学生。因此，对学生加强心理健康教育，特别是加强班主任工作中的心理健康教育，能够为培养身心健康的新一代和培养新世纪创造型人才打下坚实基础。

随着经济社会的快速发展，青少年的心理发展可能跟不上这个速度，导致不同程度的适应不良。全面发展包括智力、情感和身体的全面发展，还包括心理的健康发展。当一个人的知识增加到某一程度时，心理素质就成了其能否成功的关键因素。因此，心理健康教育在学校教育中占据了非常重要的地位。

一、在班主任工作中融入心理健康教育对青少年健康成长的重要意义

（一）有利于培养学生良好的心理健康素质

对学生开展心理健康教育的主要目的是培养学生具有良好的心理健康素质以及完善和健全人格。心理健康教育在初中德育工作中占据十分重要的地位。在日常管理过程中，我们应当依据班级内学生的身心发展特点，结合心理学知识，有针对性地制订适合学生的心理健康教育计划，引导学生进行完善的自我管理和约束，从而促进学生的健康成长。

（二）有利于有序组织班级日常管理

由于初中生个性不一，接受水平与方式也不尽相同，导致初中班级的管理工作较为烦琐。而我们借助于心理健康教育，能够有效改善这些问题，促进班级日常管理目标的实现。心理健康教育可以建立愉快、友好的师生关系，真正对学生的言行起到引导的作用。教师通过和学生的情感沟通与交流，能够拉近彼此之间的距离，充分了解到学生的心理诉求，在一定程度上缓解学生的心理压力，促进其心理健康发展。在此过程中，学生提高对我们的信服力，也有利于促进班级管理工作的顺利实施。

（三）有利于实现素质教育的目标

实施素质教育的主要目标是引导受教育者实现全面发展。素质不仅仅包括文化素养，还包括身心素养。因此，心理健康教育是素质教育的重要组成部分。我们借助心理健康教育，能够潜移默化地实施素质教育。除此之外，还可

以为学生的心理健康发展奠定坚实的基础,培养他们形成坚韧的心理素质,促进其各方面素质全面发展。

二、班主任工作中融入心理健康教育的具体路径

(一) 创设良好的班级环境,营造舒适优雅的心理氛围

班集体是学生在校学习和生活的主要环境。要使学生健康成长,我们就必须创设良好的班级环境,营造舒适优雅的健康心理氛围。

在实践过程中,班级环境可以分为软硬两个方面。硬环境包括教室的美化、学习园地、黑板报的布置等。要创造一个良好的硬环境,我们带领大家齐心协力,一个洁、齐、美的教室环境就能建立起来。班级软环境包括班风、学风、班级凝聚力和向心力等,创设却没那么容易。

1. 确定集体奋斗的目标。在班级管理中,我们可以借助班干部的力量,结合自己班的学生实际情况,制定出自己班的奋斗目标。以“我爱我班,我为班级创优”为口号,鼓励学生共同努力,形成互助互爱、竞选先进的良好班级氛围。在这一过程中,我们应充分发挥集体成员的力量和作用,让学生人人参与其中,一起感受集体带来的欢乐。这是培养学生集体荣誉感和责任感最有力的手段。而有了这样的一个目标,就能推动全班学生积极团结起来,为实现共同的目标而努力奋斗,更有利于我们开展班级管理、心理健康教育等各项工作。

2. 制定科学合理的班规。我们把班内大小而琐碎的工作分配到个人,让每个学生都参与到班级的管理中,让每个学生都成为班级的小主人。这样做可以促使每个学生对自己有所要求和有所约束,做到互相监督、互相帮助,共同进步和提高。这是培养学生形成自律能力的一种方式,让他们共同建设和维护良好的班风。班内既有严明的纪律又有轻松和谐的气氛,对学生的心理健康发展有促进的作用。

(二) 关注学生个性特点,积极引导身心健康发展

每个学生都有自己的个性特点,活跃是孩子的天性。教师可以用行为规范来约束他们的行为,却不能锁住他们的心灵。而心理辅导却可以矫治他们不合理的行为,给予学生“轻风拂柳,丝丝入怀”的感受。为了真正摸清和掌握每一

位学生的个性特点，我们需要多与他们接触、交流，主动接近他们，运用多种形式进行谈心。只有这样，我们才能发现他们的不合理行为，才能因人而异，因材施教，做好每一个学生的心理辅导工作。比如在期中、期末复习迎考阶段，针对学生在家长"望子成龙"、老师"盼铁成钢"的高期望值下产生的精神紧张、心情压抑的心理，我们开展以"学习的苦与乐"为话题的班会心理课。在这堂课上，学生尽情倾诉学习的"苦"，交流学习的"乐"，从而以乐观心态正确面对学习生活。对依赖性强，缺乏恒心和毅力、产生懒惰心理的学生，我们开展以"动手又动脑""我是'小医生'"等为主题的班会心理课，引导学生动手动脑，自觉纠正不良习惯，提高解决问题的能力和心理承受能力。针对一部分学生以自我为中心，冷漠、自私、逆反的心理特点，可开展"两面人""我是谁"等主题的班会心理课，对学生进行人格辅导。当发现有共性的问题时，可组织诸如"我有话对你说""我的自画像"等活动，让每一个学生都积极参与到心理辅导的活动中，认真地评价自己、认识别人，找出不足，自我改正，从而更好地健康发展。

(三) 融洽关系，打开心理教育通道

教育的全部奥妙在于热爱学生。作为老师，我们只有具备爱心，对学生具有深厚而又健康的情感，才能建立良好的师生关系。这是教育成功的重要条件，对学生的激励和感染作用是其他手段无可比拟和取代的。

1. 要确立正确的学生观，尊重学生，平等待人，建立合作、友爱、民主、平等的师生关系，这是打开学生心理通道的前提。特别是班上的调皮生和后进生，他们比其他的学生更需要教师的尊重和关爱。有一次，班中的小刘同学在第一节下课就在教室走廊拍打篮球，班长把他的篮球没收后放到老师的办公桌底下。当老师上完第二节课后回到办公室，那个篮球却不翼而飞了。于是，老师就把他叫到办公室了解情况。但是，还没等到老师开口，他就说了这样一句话："又不是我拿的。"在那一刻，老师才了解到，篮球是班上的另一位同学拿给他的，老师差点误以为是他自己偷偷拿回去的。所以，当学生犯错时，我们不能打骂，而应该先了解清楚事情的经过，再采取说服教育的方法，平等地与学生交流，使学生信任老师、真切地感受到老师的用心。这样的师生平等相处方式，能建立融洽的师生关系。古人云："亲其师，信其道。"这句话体现了一个亘古不

变的教育道理——在教育学生的过程中必须建立良好、融洽的师生关系,这种关系能有助于班主任顺利地开展班级管理中的各项工作。

2. 要建立融洽的师生关系,还要做到了解学生的需要和思想动向。作为班主任,我们掌握这个年龄段学生的心理发展规律、心理发展变化和需要,还要主动深入学生群体,关注学生的思想动态、行为举止等。通过观察和谈心的方式,了解学生当前的心理状况与想法,了解他们的兴趣爱好,发现他们身上的闪光点。只有在此基础上,我们才能真正洞察学生的内心世界,理解学生,并给其积极、正确的引导。在这种融洽、信任的关系中,师生才能进行深入的心理交流。

(四)组织丰富多彩活动,陶冶纯真稚嫩心灵

活动是学生喜欢的形式,能让他们在潜移默化中接受心理健康教育。正由于活动的特殊性,我们要利用各种时机组织心理健康方面的活动,如晨会课、活动课,也可以整合其他资源,开展形式多样的集体活动,寓心理健康教育于趣味性活动之中,让学生在轻松愉快的活动中有所收获。讲故事、猜谜、文体活动等所营造的轻松氛围,能让学生放松因学习负担带来的紧张心情;小品表演、讨论活动等,能让有懒惰心理的学生在生动的情境再现中看到自己的问题,从而知道怎样克服懒惰心理;角色游戏、趣味小测试等,能让学生在角色体验中有所感受,学会站在他人的角度思考问题。通过这些丰富多彩的活动,学生纯真的心灵在活动中受到陶冶,心理更健康得以更好地发展。

(五)以笔交心,聆听学生心底的声音

学生的内心是十分脆弱、敏感和复杂的,他们有很多问题不愿意或不喜欢和教师进行面对面沟通。而老师要想了解学生的内心世界,进行有效的心理疏导,就得静下心来聆听学生心底的声音。此时,笔尖上的交流可能更加行之有效。开学初,可以让每个学生准备一本"笔尖上的交流本",每周与老师进行一次交流。这种用文字的形式沟通交流的方式,以笔交心,不仅赢得了学生的信任和认可,同时还能使老师及时发现学生存在的问题,有针对性地进行心理教育。

（六）开展班会，促进心理健康发展

开展主题班会能帮助学生认识自己、改变自己，还能对一部分学生进行有效的心理疏导，减少不健康心理问题的出现。笔者经常结合周边发生的事情和学生身上存在的问题确定班会主题，确保班会更有针对性、时效性。例如，在开学初，针对一部分学生缺乏恒心、毅力，学习存在懒惰性的问题，我开展了"我努力我成功""自信是成功的阶梯"等主题班会。这些班会旨在帮助和引导学生改变不良的学习习惯，并让有进步的同学发言，让他们在主题班会中都能获得收获，心灵受到陶冶。

（七）家校合力，共同教育疏导心理

一般来说，家庭是学生心理最容易暴露的场所。父母对子女的关爱是心理健康教育的良好条件。然而，不少父母缺乏对子女进行心理健康教育的观念或观念不明确，也缺乏必要的教育艺术。因此，我们应与家长经常沟通，并给家长提供一定的帮助。

三、心理健康教育的原则

为了更有效地开展心理健康教育，我们需要遵循如下心理健康教育的原则。

1. 信赖性原则：我们应对学生的心理发展持信任和乐观态度，相信他们能够战胜自我。我们要鼓励学生自我发现，即认识自己、了解自己、发现自己的长处和能力。

2. 鼓励性原则：在考虑到学生的年龄特征时，我们要鼓励学生自己判断个人行为表现，让学生自我评价，即相信自己、正确评价自己。

3. 教育性原则：我们要以温和友善的态度对待学生，但同时也要适当给其严格限制，让学生自我调控，即克服困难、取长补短、保持良好心态。

4. 成功感原则：我们要为学生创设多方面的成功机会，从而增强投入学习的动力，让学生自我发展，即挖掘潜能、塑造良好个性。

5. 保密性原则：这尤其是对个别教育而言，学生的某些情况未经其本人同意，不能向他人透漏，所作的记录资料不得让他人翻阅（特殊人员除外）。

6. 保主体性原则：我们应尊重学生的个人尊严和权利。这意味着尊重他们对教育活动的观点和建议，不随意干涉他们的兴趣爱好和课余生活。未经学生本人同意，不得以任何借口查阅学生的日记和私人信件。我们应该严禁使用讽刺、挖苦、辱骂和体罚等粗暴的教育方法。

当然，作为心理健康教育主力军的我们，自己也需要不断加强自身心理品质的修养，保持民主、公正、平等和友善的态度，需要有崇高的事业心和高度的工作责任感，同时也要加强学习心理健康教育的科学理论与知识技能，以便更好地开展工作。

只要我们本着对学生负责的态度、对学生热爱的精神，一定会做好这项工作，促使学生身心健康成长。

第三节　中学生常见心理问题及应对策略

中学生正处在身心发展的关键时期。随着生理、心理的发育和成长，社会阅历的丰富及思维方式的变化，他们在学习、生活、人际交往、升学就业和自我意识等方面，会遇到各种各样的困惑或问题。因此，我们要充分认识到加强学生心理健康教育的重要性，根据中学生生理和心理发展特点，以积极认真的态度，加强对学生心理健康教育的指导。这是促进学生健康成长的需要，也是推进素质教育的需要，更是新时期班主任工作的重要内容和义不容辞的责任。

一、中学生常见心理问题

中学阶段是由儿童向少年转变的重要时期，也是气质、性格以及良好的学习习惯、正确的人生价值观逐步形成的过渡阶段。这个时期，他们的生理逐渐成熟，而心理成熟度和情绪调节能力尚未跟上，生活阅历较浅，抗挫折能力较低，他们容易受来自社会各方面不良因素的影响，产生心理问题。以下是中学生常见的一些心理问题。

（一）适应问题

中学生正处于情感体验丰富的阶段，但其情感状态仍不稳定。他们的独立性和自我意识飞速发展，但自我调节能力不完善，虽对环境变化敏感，却不会主动寻求帮助。这导致他们在心理上遇到困惑或烦恼时，如果不能得到及时疏导，就会产生适应问题。

（二）与学习相关的心理问题

与学习相关的心理问题通常有学习疲劳、学业不良、考试焦虑和厌学等。

1. 学习疲劳。学习疲劳的产生与很多因素有关，包括学生的身体素质、学习的紧张程度、学习持续的时间、环境条件以及学生的情绪变化等。为了预防学习疲劳，班主任应和各科老师共同商讨，科学安排课程。老师的教学方法也应灵活多变，注意直观有趣，讲练结合。老师还应确保当堂讲授的内容当堂消化，少布置作业。

2. 学业不良。学生的学业不良是指学习成绩经常明显低于同龄学生的一般水平。这些学生可能因为跟不上班级学习的进度、完不成教学大纲所规定的教学任务，经常受到老师的批评、家长的训斥，容易产生自卑、自暴自弃、逆反厌学的心理。作为班主任，我们不应责罚或歧视，相反，我们应该付出更多的爱心，让他们感受到自己并未被遗忘，让他们感受到我们对他们的无限关爱。

3. 考试焦虑。考试焦虑是一种常见的心理现象，主要表现为生理和心理的反应。生理上可能出现肌肉紧张、心跳加快、血压增高、出汗、手足发冷等症状，心理上则表现为苦恼、无助、担忧、自我否定、害怕等情绪反响。随着考试焦虑的加剧，学生也会出现坐立不安、头痛脑昏、注意力不集中、思维僵滞等身心反应，这时他们往往采取逃避的方式进行心理自卫。有一名女生叫小倩，从小学到初中学习成绩一直很优秀，经常在班里被老师表扬。可是升入初三后的第一次期中考试，她的成绩下滑很厉害。她的母亲知道后对小倩进行了严厉的惩罚，自那以后，她的脸上失去了往日自信的笑容。每到考试前，她会跑到老师面前表示害怕和想放弃。老师发现情况及时和家长取得联系，并且批评了她母亲的做法，并让她母亲调整了期待水平，不要给小倩过多的压力。同时，老师和小倩深入交谈，鼓励她不要过于在意他人的评价和成绩。经过老师和她母亲的努力,小倩心理稳定,成绩稳步上升了。

4. 厌学。有厌学心理的学生对学习缺乏兴趣。他们或者在课堂上东张西望、魂不守舍、打瞌睡,或者偷偷看课外书、玩玩具,甚至逃学。面对这些情况,班主任不能放弃这些学生,而应努力地培养他们树立发奋学习的远大志向,努力让他们了解到知识的重要性以及当今社会竞争的激烈性,激发他们的学习兴趣,并为学习成绩落后的学生提供及时的个别辅导,帮助他们重新树立学习的信心。

(三)人际关系问题

人际关系问题主要表现为与父母、老师、同学的关系紧张。中学生处于半幼稚半成熟、半独立半依赖、充满矛盾的时期。在情感、行为、观点上,他们要求有更多的独立与自尊,同时又期望关心和安慰,在面对老师和父母时,容易出现疏远和冲突。随着青春期的来临,他们需要倾吐烦恼,交流内心感受和秘密,同时又具有独立意识强和表现欲望高的特点。此外,中学生还可能面临早恋等异性交往问题。中学生生理发育逐渐成熟,他们在心理上会对异性产生好奇与向往。有时家长和老师的过度制止可能使其产生较强的逆反心理,更容易使其走入早恋误区。还有一部分学生因为害怕非议和误解,不敢结交异性朋友。

(四)情绪调控问题

情绪调控问题主要表现为抑郁情绪。这种抑郁情绪通常由课业压力大或人际关系紧张引起,具体表现为持久的情绪低落,对任何事情都提不起兴趣,也感觉不到快乐。此外,还可能出现睡眠问题、躯体不适等症状。严重者对前途和未来失去信心,甚至出现自杀行为。

(五)自我意识问题

自我意识问题主要表现为自卑。这种自卑是对自己评价过低或不全面,只看到甚至放大自己的缺点和不足。患者往往怀疑自己的能力,不敢在同学面前表现自己。即使经过努力可以达到目标,他们也可能因为认为"我不行"而放弃追求。同时,他们还可能伴有害羞、不安、忧郁等情绪体验。

（六）手机过度使用问题

手机过度使用已经成为当今社会普遍存在的问题,特别是中学生群体。手机上网不受时间、地点的限制,学生可以随时随地浏览网页、聊天、看视频或玩游戏。许多学生把本该写作业、休息的时间都用来玩手机了,导致学习成绩下降。这种过度使用手机的现象不仅影响了学生的学习,还可能对他们的身心健康造成不良影响。

二、中学生学习心理问题的应对策略

（一）倾注爱心,与学生亲和

1. 榜样示范。爱是教育的真谛,教师的事业心、责任心及其人格力量是学生健康成长的推动力。我们要在教学工作中倾注满腔热情,相信每个学生都会有发展的潜力。这是对学生成长、对教育事业、对家庭和社会负责、对自己负责的具体体现。我们要用高尚的师德、渊博的学识、良好的仪表、为人师表的形象影响和带动学生;用先进的教育思想、全新的教育理念、饱满的教育热情、严谨的教学态度,营造平等融洽的师生关系,启迪激励的课堂环境和关爱和谐的学习氛围。

2. 尊重与关爱。中学生正处在人格趋向健全、心理逐步成熟的发展时期。尊重和关爱是教育好学生的前提。民主和谐的师生关系是学生乐学、师生情感沟通的基础。我们要面向全体学生,关注每个学生,关爱每个学生,帮助每位学生树立成才的信念,让每个学生都产生幸福感和安全感。

3. 欣赏与鼓励。学生在学习中难免会遇到困难和问题,这是很正常现象。教师在课堂教育教学工作中,应该向学生提出合适的期望目标,采取与学生情感接近或相容的态度和方法,在理智闪光的同时给予感情投入,善于发现其长处并由衷地欣赏,形成和谐的情感基调。对学生的缺点和错误,我们不能一味地指责或当众训斥。我们应该少一点审查责备的目光,多一些欣赏鼓励的热情,从思路方法、兴趣态度等方面寻求学生的闪光点,使学生拥有充足的信心和愉悦。

（二）调适负担，为学生减压

1. 实施素质教育。学校确定教学目标时，要变片面追求升学率为"为了一切学生、为了学生一切"，争取让每一个学生都得到全面发展。学校应全面实施素质教育，严格执行教学计划。此外，学校应加强思想品德、情感和心理教育的渗透，减少教师的外在压力，要更新教育观念，充分利用现代媒体，为学生素质的全面提高创造良好的课堂环境。

2. 激发学习动机。教学的艺术不在于传授的本领，而在于激励、唤醒、鼓舞。学生都有学好的动机，我们要发掘教材思想性素材，让学生认识到自己的学习责任与国家建设的使命是紧密结合的，要帮助学生将个人目标同学习目标结合，唤醒其学习的内部动因，强化其内驱力，增强其自制力，要让学生在不同的时期有所发展、在不同的领域有所提高。学生认为学习有必要、对学习感兴趣时，便会积极主动且心情愉快地去学习，而不是只当成一种沉重的负担。

3. 促进自主学习。自主学习充分体现了学生在学习中的主导地位，能够促进学生个性全面发展。在教育中，我们要把更多的时间放在为学生提供大量学习资源和各种新的学习方法上，使学生拥有可选择的、最能满足需求的学习资源，让学生在课程范围内自主制定目标、自主计划自己想做的事和自主确定最佳评价的准则。这样，学生真正实现自主学习、自主提高和自主发展。

（三）优化过程，引学生兴趣

1. 构建情境。构建能够激发学生兴趣的教学情境，紧密联系实际，坚持情感渗透，能够进一步激发学生参与学习的动机。为此我们可以设计一些开放性、发散性和挑战性的问题，选择有吸引力的材料，帮助学生从苦学的状态装变为乐学的态度，变"要我学"为"我要学"。要实现这一点，我们要善于发现那些生活中与课程相关的问题，构建真实的问题情境。我们应以符合学生年龄特征和生活经验的方式呈现这些问题，让学生动脑思考、动眼观察、动口表述、动手操作，通过鲜活的生活和事实的理解，使学生充分享受学习、交往和发展的乐趣。

2. 分层设标。针对学生的不同水平和需求，我们应分类、分层制定有序的教学目标，激发学生自发、自主地学习。教学过程要由浅入深、由易到难，注重以旧引新，变式递进，引导学生积极探索，让不同层次的学生从不同的角度探究，都尝到学习的甜头，赢得成功的喜悦。

3. 开放教学。当学生在课堂直面问题、情景和事实时，学习过程是一个起点，有多条途径和多种结论。为了充分体现人文关怀，我们要鼓励学生冒险，宽容他们的失败，欣赏他们的智慧，关注他们的学习方法，避免打击其积极性。为了实现这一目标，我们可以灵活、适当地变换教学方法，实施分层教学，让学生自主选择学习任务，获得选择任务变量的机会，使学生真正成为学习的主人。作为老师，我们要充分发挥主导作用，针对学生情况，因材施教。这样，可以促进教学过程的开放，让学生感到有"自我发展区"，提高学习的自主性，为未来的发展奠定坚实的基础。

（四）全面评价，给学生激励

新课程倡导发展性评价。学校要积极应对新课改，关注学生个体发展的处境和需要。为此，我们需要创设宽松、民主的教学环境，提高课堂教学效率。实施发展性综合评价是其中的关键，它可以克服为了教育而教育、为了升学而教育的错误观念。我们应改变考试是获取分数的唯一来源的现状。要通过评价制度的改革，提高学生的学习动机，激发学生的学习欲望，让学生最大限度地实现自身价值。

三、中学生人际交往问题的应对策略

（一）真诚沟通，寻找志同道合的同伴

在人际交往中，我们要保持一种真诚、友好、开放、接纳的态度，相信同伴能真正沟通、互相理解；主动参加集体活动，如夏令营、冬令营、兴趣小组，找到自己有共同话题和兴趣爱好的朋友和社交圈。

（二）全面了解很重要

在同伴交往中，全面了解对方是非常重要的。我们要不轻易受第一印象和先入为主的影响，不轻易给交往的同伴定性。学会动态地、全面地、多角度地看待一个人。在与同伴交往中尽量全面地展现自己，不做过分掩饰，既让大家了解自己的优点，也让大家了解自己的缺点，给大家留下真诚、自然的印象。

(三) 与同伴交往中需遵守"黄金法则"

在同伴交往中,可以希望同伴做什么,但不能强求。如果同伴没有做到,我们可以表达失望,但也需要从对方的角度出发理解其不能做到的原因。我们应该允许同伴与自己有不一样的想法和感受,不要因此认为对方背叛自己,要真诚地与同伴沟通,学会从不同角度看待问题。这样才能更好地理解彼此,建立更加和谐的人际关系。

四、中学生自我意识及受挫能力问题的应对策略

(一) 循序渐进制定目标

父母在与孩子建立良好亲子关系的基础上,应帮助孩子明确奋斗目标和方向。这个目标应该是从短期到长期,从容易到困难逐步设立的,这样可以增强克服困难的信心。

(二) "庖丁解牛"才能"对症下药"

父母和老师要根据孩子的实际情况提出要求。当孩子失败时,我们需要进行耐心的鼓励、支持和帮助。在他们犯错或受挫时,我们要帮助他们分析不足,鼓励他们坚持解决问题,激发他们克服困难的决心,提高其抗挫折的能力。

(三) 自我认同,自我成长

正确、客观地评价自己是自我认同的第一步。中学生不仅要看到自己的不足,还要看到自己的长处。需要调整对自己的期望,使自己与实际情况更符合。可以从一点小小的成功开始积累,增强成就感和自信心。应该勇敢地参加集体活动,大胆表现自己,通过体育活动、社会实践活动等锻炼毅力和耐力。

五、中学生情绪调控问题应对策略

(一) 过高的期望会使情绪失控

家长不要把自己的期望和要求强加给孩子。过高的期望会使孩子产生无能、无助、沮丧、焦虑甚至抑郁情绪。

（二）用广角看问题，充分利用资源调整情绪

中学生情绪失控的主要来源是对已发生的事的危害过于担心，及对将要发生的事过分担忧。这与中学生对事情的认识不全面、不完整有关。尤其是对某些与自己密切相关的事情，他们会比较极端，过分关注不利的一面。因此，父母和老师可以引导孩子客观、准确地认识面临的问题，全面分析自己和周围环境中的资源，并加以利用，以缓解焦虑和抑郁情绪。如果确实遇到无法解决的情绪问题，可以寻求专业人士的帮助，例如心理咨询热线就是不错的选择。

（三）不要让愤怒成为一颗"定时炸弹"

当感受到明显的愤怒情绪时，一味地压抑和逃避并不是解决问题的办法。中学生应学会应该直面对当事人，加强沟通，并努力解决面临的实际问题。还可以求助父母、老师或朋友，向他们倾诉，表达愤怒。此外，学习如何放松身体也是一个很好的选择，可以从生理层面上缓解愤怒情绪。

总之，为了有效地维护学生的心理健康，提高学生心理素质和综合素质，我们需要对学生进行全方位、多角度、多种途径的心理健康教育。通过这样的教育，逐渐让学生学会学习、学会生活、学会做人。

第六章
与家长的沟通与合作

第一节　与家长沟通的必要性

家长是教育过程中表现最为活跃的因素,他们有很强的参与意识,这是一种潜在的资源,值得我们深入挖掘和有效利用。实现这一目标的重要环节之一就是加强与家长沟通与交流。在交流中我们可以统一认识、要求和行动,共同教育学生,提高教育效果。教师是学校与家庭交流的桥梁,我们应当及时把学生在校表现客观、公正地传递给家长,同时向家长了解学生在家的表现情况,以便我们有针对性地对孩子进行教育。然后,家长和教师各尽其职,相互配合,从而达到预期的教育效果。

有人曾说,对于教师而言,真正的志同道合者是家长。当家长和教师都积极参与教育,群策群力,这个教育集体才能发挥最大的力量！也有人说,教师带的不是一个班,而是两个,一个是学生班,一个是家长班。确实如此,在教育孩子的问题上,家长的力量不容小觑。事实证明,当学校与家庭教育配合密切、协调一致时,学生更能实现全面发展。善于与家长沟通的教师,能够更好地发挥教育的综合效应。

但是,目前家校沟通中依然存在不少问题。有些教师在观念上存在误区,认为家校沟通的主要目的是为了让家长配合学校,这也是传统教育对家校关系的定位。在这种理念指导下，沟通不是双向交流，而是单向告知，即家长只要记住学校或教师的要求并照此执行，教师很少询问家长对教育的看法。

任何教师，无论具有多么丰富的实践经验和深厚的理论修养，都不可能把复杂的教育工作做得十全十美、不出差错。由于"旁观者清"，有时家长比教师更容易发现教育过程中的问题。因此，教师要放下"教育权威"的架子，向家长征求意见，虚心听取他们的批评和建议，以改进自己的工作。这样做，也会使家长觉得教师可亲可信，从而诚心诚意地支持和配合教师的工作，维护教师的威信。

平时的家校沟通在内容上主要存在两个方面的问题。首先，在个别沟通时，负面信息占了绝大多数，仿佛孩子的优点是不需要沟通的，家长只关注孩子的进步，老师需要反映的只是问题和缺点。长此以往，家长接到老师的电话，最经常的联想就是孩子出问题了。其次，老师反映问题时往往只是陈述现象，不分析原因，也很少给出意见和建议。总之，用学生的话来说就是老师喜欢向家长"告状"，而这样的沟通往往会以家长对孩子的责骂或惩罚告终。这样不但问题没有得到解决，反而导致孩子憎恨老师。

因此，正确、有效的家校沟通是十分必要和重要的。

一、家校沟通有利于提高家长对家庭教育的认识

苏霍姆林斯基曾把学校和家庭比作两个"教育者"，认为这两者不仅要一致行动，要向儿童提出同样的要求，而且要志同道合，秉持一致的信念。然而，不少家长还没有真正认识到自己也是教育者。这就需要家长提高对家庭教育的认识，积极承担起教育者的责任，这样老师和家长才能形成教育合力。

家庭是社会的细胞，是孩子生活和成长的基本环境。从教育的角度说，家庭是孩子的第一所学校，家长是他们的第一任教师。俗话说："家长是孩子的榜样，孩子是家长的影子。"孩子从小到大，家长的一举一动、一言一行都对其性格和品德的形成起着潜移默化的影响，而孩子的行为表现常常是家庭教育的结果。通过家校沟通，家长能够及时了解孩子在校的日常情况和周围的环境信息，从而给予孩子来自家庭的及时的鼓励和引导，会为孩子的健康成长营造良好的

氛围。

无数事实证明，孩子不论向哪个方向发展，家庭的影响都具有举足轻重的作用。学校教育比较系统、规范，多从大处着眼，理论性强；家庭环境则具有具体、生动、现实性强的特征。学校的教育在校园之外能否继续辐射和强化，亦有待于家庭环境的配合。如果两者相得益彰，则可能形成良性循环。

在这种情况下，有效的家校沟通就能让家长了解学校教育的方式、内容和要求，使家长能在对孩子的教育过程中，配合学校开展教育，积极给孩子营造良好的成长环境，保持与学校教育的一致性，使孩子健康地成长。

二、家校沟通有利于家长走出家教误区，掌握科学的家教方法

要做好学生的工作，首先应做好家长的工作。有的家长在教育孩子时要么溺爱，要么简单粗暴。而且，绝大部分家长缺少科学的教育方法和必要的教育经验，这就需要教师给予针对性的指导。通过交谈、讲座、书面联系、向家长推荐一些阐述家教重要性的文章，并针对孩子的特点和实际问题，教给家长一些科学的、有效的家庭教育方法。同时，还要让家长正确了解自己孩子的性格、能力、爱好等，既不要"望子成龙、望女成凤"，也不要"包办代替"或"放任不管"。

三、家校沟通有助于家长了解孩子在校的表现，有利于老师了解孩子的性格特点

每个学生的性格、能力、爱好都是独特的。学生在学习与成长过程中，学生可能出现不同的特点：有人学得快，有人学得慢；有人成熟得早，有人成熟得迟；有人兴趣比较广泛，也有人兴趣比较专一。

由于学生的性格等原因，这些差异可能不会在学校完全表现出来。学生在家中可能容易展现出真实的自我，细心的家长较之学校更容易发现学生各个时期异常心理的流露。家长可以把自己孩子的不足和优势，以及孩子的性格特点都告诉老师，并定期与老师沟通，了解孩子在校的行为习惯、学习习惯、学习成绩等，从而开展针对性的教育。

四、家校沟通对教师自身素质的提高起促进作用

要做好家长工作,教师首先要进行必要的理论学习,深入学习有关教育方针和政策,掌握学习家长心理学等专业知识,还要学习优秀班主任的成功经验。其次,教师要有正确的工作方法。由于家长的认识和经历不同,教师既要尊重家长,又要关心、帮助家长,使家长乐于交流,能够使自己的指导意见转化为家长的具体行动。

五、家校沟通是树立学校形象和师德品牌的最有效途径

如果家长信任教师,理解支持教师的工作,教师和学校的声誉在社会上也就越来越好了。班主任不仅仅代表个人,更是代表教师集体的形象。因此,我们必须认真研究与家长沟通的问题,形成合力,以增强教育的效益。

总之,只有家长和教师同心协力,保持家庭教育与学校教育的一致性,才能形成教育的合力。让我们用真诚架起一座沟通学校与家庭的连心桥,加强家校联系,相互配合,共同促进孩子健康成长。

第二节　与家长沟通的技巧

与家长沟通是门艺术,有时候直接影响到教育成效,正确把握沟通的技巧必会产生美妙的反应。

一、与家长沟通应该遵循的原则

(一) 尊重原则

尊重他人是自尊的表现,也是获得他人尊重的前提。尽管教师在家校沟通中起主导作用,但双方在人格上是完全平等的。教师要想得到家长的支持,就要以一种真诚的态度去对待家长,特别是所谓"问题"孩子的家长。这是教师能够与家长紧密配合的基础。从孩子入学那一天起,家长与教师就有着共同的目标——教育好孩子。因此,教师要一视同仁地对待每位家长。此外,教师还

要教育学生尊敬自己的父母,这样不但可以提高家长的威信,而且可以拉近教师和家长之间的距离。

不论在什么情况下请家长到校,我们都应主动给家长让座、倒水。特别是当学生犯错误需要学生家长到校时,更应注意以下几点。

1. 尽量直接联系家长,尽量避免让学生自行回家通知。这样做可以表明老师的诚意和态度。

2. 学生家长来校以后,不应该当着家长的面训斥他的孩子。

3. 可先把家长叫出办公室,在一个单独的环境里向学生家长说明情况,形成一致意见。另外,如能经常征求并尊重学生家长的意见,会让家长觉得我们比较民主、可信,有利于班主任和家长的联系沟通。

在与家长联系沟通中,我们需要有理性的意识,避免随意性和情绪化。在与家长交谈前,我们要详细想好约见家长的主题和目的,注意从多方面收集学生的信息,设计和家长交谈如何切入主题,如何结束,如何谈学生的优点和问题。在谈话结束后,我们应总结自己在交谈时方法是否得当,并思考如何向学生和其他教师反馈约见家长的情况。

在和家长交谈时,无论学生的表现如何,我们都应首先列举学生的三个优点。每位家长都喜欢听到对于自己的孩子的正面评价,几句夸奖的话会拉近与家长的距离。在和家长交谈的时候,我们还要注意善于倾听家长的意见和想法,有时候我们少说多听反而可以营造平等的谈话气氛,以便获得关于学生的信息。

(二)协作原则

班主任与家长交流的根本目的是寻求对学生教育的协作。为实现这种协作,班主任就要主动与家长沟通学生的情况,主动征求家长对学生进行教育的意见,与家长共同商讨教育方法。但是,由于班主任与家长对学生的期待不同,观察、了解和处理问题的角度及方法可能存在差异,双方难免出现矛盾。这就需要班主任与家长共同努力。鉴于我们是教育领域的专业人员,具有较为成熟的教育理念,我们应当学会给学生和家长合理的建议和意见。

现在出现的老师和家长之间的矛盾,很多的原因在于我们没有从家长的实际出发,而是一味地从老师的角度要求他们配合。因此,我们必须树立换位意识,学会理解家长。我们要站在家长的立场想问题,不指责,不教训,考虑实际的家庭教育问题。必须牢记教师和家长的目标是一致。为了共同的目标,我们必须合作和沟通,才能把共同的事情做好。同时,我们还要适时地向家长提目标和要求。这样,家长会觉得自己的孩子受到了重视,正在不断进步,自己的孩子是很有希望的。教师要以自己的执着和坦诚去打开家长的心扉,只有这样,我们才能得到家长的密切配合,共同对学生进行目标一致的教育,提高教育效果。

二、与家长沟通的方法

在与不同类型的家长沟通时,我们的侧重点也各不相同。

(一)对"溺爱型"家长要重说服

"溺爱型"家长对子女往往宠爱过多,看不到子女的缺点,甚至护"短"。与这类家长沟通,首先要注意不轻易揭学生的"短",要从充分肯定孩子的优点入手,引导家长自己认识其子女的不足之处;从期望入手,引导家长重视对子女的教育;从未来成才入手,引导家长看到子女的缺点。还可从其子女存在的缺点所造成的危害入手,引导家长认识到"护短"对子女成长的危害。

(二)对"放纵型"家长要重事实引导

"放纵型"家长对子女的个性发展不闻不问。与这种类型的家长沟通时,要重事实教育,可用其子女所存在的缺点、错误所带来的对其子女的个人成长、对班集体乃至对社会的影响与危害的事实,使其家长醒悟。但这种引导应该是实事求是的,应该是关怀的、诚恳的。

(三)对"打骂型"家长要重劝告

"打骂型"家长多由于"恨铁不成钢"与不懂得教育方法所致。与这种类型家长交流,要注重用其错误的教育方法所带来的反面的教育效果劝告。我们可以引导其认识打骂教育对孩子造成的影响。同时,通过认真分析他们的教育方式,帮助他们提高对教育方法的认识,从而帮助他们不断改进教育方法。

（四）对"隔代"家长要重尊重

"隔代"家长(如爷爷、奶奶、外祖父、外祖母)对孩子溺爱更深,容易忽视或轻视他们的缺点。与"隔代"家长交往时要十分注意尊重他们,肯定他们对孩子的爱与期待。以期待入手,渗透对孩子的正确要求,避免在他们面前批评学生。

（五）对"后进生"家长,要重树立信心

学生的行为不论好坏,教师都应向家长如实反馈。和家长交流时,教师最感头痛的是面对"后进生"的家长。面对孩子不尽如人意的成绩,我们无话可说;面对家长失望的叹息,我们无言以对。对于"后进生",我们不能用成绩这一个标准就去否定学生,我们要努力发掘其闪光点,要让家长看到孩子的长处,看到孩子的进步,看到希望,从而树立信心。

三、与家长沟通的主要途径

（一）建立家校联系本

家校联系本是家校之间的重要沟通渠道。为了增强孩子对这一渠道的喜爱和认同感,建议最好与孩子们一起设计封面、格式,不要把它当成单纯的"作业交代簿"。除了用于交代作业、提醒携带物品外,还可以把对学生的关注、鼓励、评价写在联络簿上,让家长感受到老师很关心孩子的成长与表现。沟通的内容要以赏识为主,绝不能成为"状纸"。通过这一方式,我们不仅可以与家长沟通,争得他们的积极配合,还能维护学生的自尊心,增进彼此的理解和信任。

（二）运用现代通信手段进行联络

现代信息技术为家校沟通提供了更多的方便和快捷方式,如电话、微信、QQ、网络论坛。其中,电话联络还是最方便、最普遍的方式。如果我们能够善用这些通信手段,那这些手段会成为拉近距离、凝聚力量的"感情专线"。

（三）适时进行家访

家访不仅是一种教育手段,更是教师在教育教学中的一种感情投资。它可

以加固家庭与学校之间的桥梁,拉近教师、学生、家长间的距离,促进学校与家庭共同担负起培养学生成才的责任。通过家访,教师可以了解学生的家庭背景以及学生在家表现等,同时,也可以向家长宣传学校教育理念、管理制度,介绍孩子在学校的动态,从而让家长相信老师是诚恳且负责的,从而尽最大的努力配合老师的工作。

根据不同目的和内容,家访主要有以下几种方式。

1. 沟通式家访。这种方式主要为了解决学生在校内发生的问题,及时与家长沟通,共同商讨教育措施。

例如,当学生犯了错误,可以让学生本人主动和家长沟通,然后教师再和家长见面沟通。考虑到家长在得知孩子在学校里"闯祸"后,往往会感到忐忑不安,教师刚与家长见面时,可以先不渲染孩子的"错误",而是谈一些其他的话题,家长就会减少心理顾虑。此时再与家长共同分析并找出原因,积极寻求解决的办法。

2. 谈心式家访。班主任和每位学生的家长都应建立良好的关系,经常进行交流。

可以与家长谈班级管理,请家长提出意见和建议;可以与家长探讨学生的身体、智力、学习成绩、兴趣与爱好等方面,以便实施有针对性的教育;可以与家长分享教育规律,共同探索科学的教育方法。在交谈中,可以逐渐了解家长的性格特征、文化素质、教育水平与手段、家庭生活状况等,以便全面分析影响学生身心发展的因素。

(四) 精心组织好每一次家长会

家长会是家校教育过程中的必要环节,是班主任同家长沟通、凝聚教育合力的主要方式之一。通过家长会,教师可以向家长汇报学校教育教学情况及今后工作计划,并向家长提出教育的具体要求,听取家长的意见,共同研究改进工作,从而协调学校教育与家庭教育的关系。家长通过家长会,不仅能了解自己子女的学习成绩、思想表现,还能了解子女所在班级其他学生的成绩与表现等,从而更客观地了解自己子女在集体中的位置,这是对学生施以教育不可缺少的信息。

开好家长会,会收到事半功倍的效果。然而,有些家长会越来越让学生们感到害怕,参加家长会成了学生和家长的一种无形的精神压力,尤其对于学习上有困难的学生和其家长来说,因此,家长会千万不能开成告状会。否则,个别学生就会编出各种理由,谎称家长不能参加家长会。而有些家长也会因为自己的孩子学习成绩差,借故不来出席家长会。这种情况的出现会严重影响学校与学生家长的沟通,不利于学校的教育工作,更不利于学生的全面成长。

(五) 理性对待临时性的会面

有时在路上遇到家长,或家长直接来学校找老师,老师都应该保持真诚平和的态度专心聆听,了解家长的感受,并表示理解他们的心情,肯定他们的用心,耐心细致地解答疑问,表达对学生的关心。我们应让家长感受到老师对孩子的关心。因此,我们自己首先要做好自己,做好一名教师,让自己成为一个乐观、开朗、愿意倾听和努力解决问题的人。

总之,家校沟通不仅是一门艺术,也是一门学问,我们需要不断学习、不断探索,将所学融会贯通,运用自如。只有这样,才能形成一套具有自己风格和特色的沟通方式,进而达到家校沟通的良好效果。

第三节　与家长合作的办法

全面推进素质教育,单靠学校教育教学改革是不够的。要实现培养高素质人才的目标,我们必须构建一个教师、家长共同参与,学校、家庭、社会形成合力并共同发挥作用的开放的、立体的大教育环境。具体可以采取如下办法。

一、组织形式多样的活动,实现学校与家庭的双赢

活动的类型有联欢会、运动会、班级活动等。这些活动不但密切了亲子关系,而且促进了孩子的健康发展。在这些以情感为纽带、以教育为宗旨的活动中,教师将教育内容和指导要求融入游戏活动中,为家长提供互相学习、交流、教育的机会,促使家长提高教养素质和能力,也为孩子和家长提供共同游戏、共

同成长的环境和氛围,增进亲子间的感情。

二、家长委员会与家长学校,推动学校管理更加民主化

为了进一步加强家校联系,充分调动家长参与学校管理的积极性,体现民主管理,由各班推荐 2 至 4 名热心班级工作、乐于为家长服务且在教育孩子方面有经验的家长任家长委员会成员,组成家长委员会。每学期,学校定期召开会议,向家长代表汇报工作计划、安排和要求,并听取家长代表对管理和教学等方面的反馈意见。学期末,将学校的各项工作向家长委员会作汇报,由此让家长委员会全面了解学生各方面的表现,从而实现民主管理和家校共育的目标。

家委会成员应该具有代表性,他们不仅可以充分发挥家委会的带动作用,帮助和监督学校开展各项工作,而且应对学校将开展的活动出谋划策,提出一些丰富多彩,适合中学生年龄特点的建议。

家长学校的活动形式可以多样化,例如邀请专家作报告和讲座,为家长提供直接有效的服务。家长可以跟专家进行面对面的沟通与交流。专家不仅可以为家长推荐有关家庭教育的书籍或文章,帮助家长不断更新教育观念,调整教育行为,还可以根据家长反映的情况,对学校的管理、教学、膳食等方面提出一些指导性的意见和建议。这样,学校能够及时调整工作目标和策略,不断提高工作质量。

三、校园开放日观摩活动,拉近彼此联系的桥梁

想让家长亲眼看看自己孩子在校的表现情况,举行校园开放日观摩活动是一个最直接、最有效的方法。这不仅可以让家长看到孩子的课堂表现,还能使家长进一步了解学校的教育教学工作。同时,也使他们了解孩子在校的生活情况,感受与孩子同活动的快乐。

四、家长问卷调查,直截了当、一目了然

通过问卷调查,教师能进一步了解家长的教育观念、教育方法和学生在家的行为表现、心理状态,为学校有针对性地开展家长工作和更好地教育学生提供宝贵的依据。

例如,可以定期发放家长问卷,对学校管理、教学、伙食、班级服务质量等进行调查。通过对问卷的分析,我们可以了解家长对班级及全校工作的意见和建议,以便及时调整计划,改进工作。在拟家长调查问卷时,首先要确保问卷语言有亲和力,让家长容易接受。其次,要做到问卷内容有针对性,能够集中反映问题。问卷的形式可以是多样的,便于家长填写。最后问卷必须真实、可靠,可以无署名。

五、家访、约谈,传统中有新意

家访和约谈是最直接、最方便,也是最常用的家校沟通方式。教师可以通过这两种方式及时与家长沟通,交换意见,以达到同步教育的目的。家长主动向老师反映学生在家中的表现,了解孩子在校的情况,和老师共同探讨教育方法。

随着现代社会生活节奏的加快,电话访谈更被频繁采用。家长和老师能及时地了解孩子的情况,探讨教育方法,不仅方便,深受家长喜爱,也可以收到良好的效果。此外,网上沟通也是一种新型的、便捷的沟通方式。

1. 搭建班级家长微信群——家校育人大联盟。班级管理过程中,引入微信平台是当今班级管理的趋势。班主任作为班级家长微信群的"盟主",主导教育意识,管理教育信息;家长是班级微信群的各"门派",他们倡导社会理念,共同教育孩子。家校微信平台的交流基于平等原则,遵循"疑、展、评"三步骤。

"疑"是教师和家长在教育上的疑问。这种疑问是基于学生的成长过程所表现出来的,可能是关于学生行为习惯的疑问,也可能是家长对教育认识的疑问,甚至是教师对教育方式、教育有效性的疑问。

"展"是教师与家长对学生的学习行为、生活行为的展示。微信群是一个集视频、图像、声音、文字于一体的平台。通过微信平台的"展",既能引起家长关注,又能传播教育理念。展示内容广泛,包括教师的班级课堂情景、学生的课外活动、学生的评优获奖、学生的集会和竞赛活动等。

"评"是教师与家长的教育认知的碰撞过程。学生的每一个行为都暗示了其成长过程的心理变化。家校交流可以促进教育共性的形成,扩大教育视野,丰富教师的教育资源。家长的评价不仅仅针对孩子,反馈的也是家长对教育的认识,这种家校协同式的教育交流可以为班级共同的教育理念的形成奠定基础。教师评的是教育丰富性,用教育的理论衡量家庭经验教育,树立家庭教育的榜样,引导优秀的家庭教育行为,形成家校协同教育的正义性、持续性。

2. 规范班级学生QQ群。QQ群是学生最常用的社交平台,成为每一位学生必须掌握的社交工具,但无人引导的QQ群交流必然会走向社会化、粗俗化。因此,我们要加强引导,变被动为主动,及时组织班级学生成立QQ群,邀请学生加入班级QQ群。在管理的环境上对学生进行疏导,管理语言上去粗俗化,管理内容上知识化。QQ群属于学生的课外生活,但也是学生品行的一种反应。班级QQ群引导学生设定不同的群主,赋予群主管理QQ群的权限,形成家校协同育人的第二课堂,阶段性地截屏反馈给家长,家长与学生一起感受学生阶段性成长的问题,有所思考才有所进步。

六、《家长园地》与家校联系簿,方便直观,易于操作

定期编写《家长园地》,使其成为学校与家长进行交流沟通的窗口和载体。利用《家长园地》,学校可以向家长宣传家庭教育的经验和信息,告知家长近期内将要学习的知识,以及需要家长们配合的一些事项等。有关个别现象、特殊问题等,还可以请家长参与发表意见和观点,家长们通常都会表现出积极主动的状态,教师也能收到较好的效果,从而增进家长和教师、家长和家长之间的有效互动。

通过家校联系簿,教师每周填写学生在校情况,与家长进行交流,家长也通过联系簿反馈孩子在家的情况,以达到家校教育同步。小小的联系簿像一座桥梁,将学校教育和家庭教育紧密联系起来。

七、其他手段作补充,家校共育更多彩

1. 家教案例评比。为了充分挖掘家长中的教育资源,我们可以举办家庭教育经验、家教案例征集及交流活动。这一活动鼓励家长从不同的侧面总结教育方法和经验。家长的一些新的教育观念、独到的见解以及灵活多样的教育方法,也会使教师深受启发,有效地促进学校育人质量的提高。

2. "家长助教"特色活动。为了增强家长对学校教育的参与感和归属感，我们可以邀请部分家长利用自己的空余时间来到学校，协助进行教学活动，如当医生的家长可以给学生讲解生理卫生保健知识，消防队的家长可以组织孩子进行消防安全演习。家长来校助教，一方面可以亲身体验和了解教师工作，另一方面也可以发挥自己的专业特长，丰富学校的教学内容及教学方法，深受学生的喜爱。多方资源不仅可以丰富学生的学习生活，也可以使家长、教师互相促进、互相提高。

新的形势的出现，促使学校、家长工作的要求也不断提升。因此，我们在工作中应遵循"热心、诚心、爱心"的原则，积极寻求家长工作的新视角、新内涵，倡导家校合作，实现家校共育，从而使我们的工作更科学、更有效，并达到新的高度。

第七章
班级活动的组织与开展

第一节　班级活动的意义与类型

班级活动是在班级内有组织地开展的各种活动。班级活动是学校教育活动的重要组成部分,是班级集体教育的经常性形式。开展多种形式的班级活动对促进学生发展,加强班集体建设具有重要意义。

一、班级活动对学生身心健康发展的作用

青少年学生正处于身体和知识的增长期,他们精力旺盛,求知欲强。开展多种有组织的班集体活动,可以使他们增长知识,提高认识能力。在活动中,他们通过各种感官去感受事物,也可接触各种人和事,从中获得知识,开阔视野,增强思考能力。通过多种形式活动还可以培养学生的实践能力,因为参加丰富多彩的活动不仅要看、听、想,而且要说、写、做。无论是社会调查、劳动、参观、访问,还是文艺、体育、科技活动,从活动的准备到活动的进行,他们都可以得到一系列的学习、锻炼机会,从而提高自己的实践能力。通过班级活动,能够促进学生良好个性的形成。学生的个性品质、兴趣以及才能等在集体活动中能得到表现,也在活动中得到巩固、发展和调整。例如,性格内向的学生可能在多次活动中获得满意的角色,他们的智慧和特长得到发挥,从而变得活泼、开朗,乐

于与别人交往。而对于那些热情但欠踏实的学生,通过在集体活动中多次承担较复杂任务,也可使其变得比较冷静和实在。

二、班级活动对班级建设的积极作用

班级活动是建设良好班集体的重要组成部分和最重要的内容之一。班级的共同目标要靠班级每个成员参与共同的活动而实现。班级活动在一定程度上标志着集体的形成、发展、巩固。没有经常的班级活动,班级的生命力将变得脆弱,整个班级就没有生气,导致班级发展停滞不前。

每一个学生的成长,每一个班级的组织与建设,都不是在静止的状态中进行和完成的,而是在不断地活动的状态下进行和完成的。学生的成长面临着两个世界:知识的世界和生活的世界。"知识的世界"引导学生获得知识、开启智慧、拓展心智视野;"生活世界"启迪、培养学生的生活感受力,增进、丰富个人的生活体验。只有知识世界与生活世界的融合,才能培养完整的人。可以说,班级活动是知识世界与生活世界连接的桥梁。班主任需要从"知识世界"出发,引导每一个人面对"生活世界",体验生活、发展个性、舒展自我,成为真正意义上的人。因此,做好班级活动的设计与组织,对班级良好人际关系的建立、班集体的形成有着重要的意义。

(一) 有利于班级良好的人际关系的建立

班级是学生发展成为社会人的重要环境。优秀班主任魏书生老师曾指出:"班级像一个小社会,社会上有什么,一个班级便可能有什么。"学生们走出家庭,通过在这个小社会实习,才具有了一定的适应大社会的能力。个体要生存与发展,必须首先适应社会,实现个体的社会化。一个良好的班级应对学生个体社会化起着重要的促进作用。班级活动不仅为学生提供提高做事能力,学习做人之道,获得价值启蒙的场所和机会,还推动个体社会化的日趋成熟,为以后适应真正的社会生活打下基础。各种形式的人际交往能够促进学生自我意识的发展和健康个性品质的形成,从而塑造个体的独特个性。有经验的老师都有这样的体会:在缺少活动的班级里,人与人之间的关系往往比较疏远;而每一次成功的班级活动之后,生生之间、师生之间的关系都会更加亲密。活动中,师生间、生生间进行着激烈的交流碰撞，在这过程中无时不有的是信息的传递、加工、储存、反馈，这些信息承载着师生多方面特征，展示着丰富的个人品格，能够增进大家的认识和了解，为良好的人际关系奠定了坚实基础。

（二）有利于班集体的形成

班集体是一个教育集体，建立在各个学生的个性积极发挥的基础上，但并不是每个学生个性特征的简单相加。关于班集体的内涵，正如苏联著名教育家苏霍姆林斯基所阐述的，它不光是组织上的统一体，还是由在需要、兴趣、智力、思想、道德、社交、创造力、审美等方面既有共性又有个性的人们所组成的精神上的统一体。它意味着成员各有个性，缺乏其成员的鲜明个性就谈不上集体。如果一个集体里找不到思想丰富、各有爱好的不同类型的人，那么这个集体就缺乏吸引力。

在班集体形成和发展的过程中，始终都是与丰富多彩的活动密切相关的。可以说，没有活动就没有集体，集体是在活动中形成并发展的。实践表明，班主任积极有效地组织学生开展丰富多彩的集体活动，在活动中不断增强每个集体成员的群体意识和集体荣誉感，是班集体建设成功的重要条件之一。一个健康发展的班集体是一种巨大的教育力量，能为学生个性发展提供参照群体。

1. 在活动中，可发现人才、培养人才。通过班级活动，一方面可以发现学生的才能，调动学生的积极性，便于班主任选拔和任用班干部，组织班委会；另一方面，在活动的准备、实施、总结的过程中，班干部既得到了充分的锻炼，又通过自己的努力，赢得了同学们的信任，而一个强有力的班干部队伍，正是良好班集体形成的重要保证。

2. 在活动中，可以不断实现班级的奋斗目标。每一项活动的开展，都会对增强班集体的凝聚力起到一定的作用。班级活动可以丰富学生的生活，增加学生表现自己的机会，进而提高学生的学习兴趣，可将活动中得到的满意评价迁移到学习上，使学生变"苦学"为"乐学"等，这些都能从根本上增强学生对班集体的自豪感。

3. 活动能够不断促进班级的人际交往。丰富多彩的活动,有助于学生之间彼此了解,互相帮助,进而提高学生人际交往的能力,而良好的人际关系则有助于形成良好的、积极向上的班集体。

第二节　班级活动的设计与实施

优秀的班主任都非常重视班级活动,并且能很好地发挥班级活动的功能与作用,进而使班级活动成为系统地对学生施加教育与影响的平台。

一、班级活动的内涵与功能

班级活动的主要功能不限于常规教育和一般的班级工作部署、安排和总结,更侧重于围绕某个主题对学生进行品格和心理教育,实现有效的价值引领。它是在班主任的主导下,全体学生共同参与,旨在解决班级或学生成长中存在的教育问题的班级活动。其内容集中,目标明确,针对性强。班级活动是对学生进行自我教育的有效方式,具有情感感染的功能,能够增强班级的凝聚力,引领班级的集体舆论,形成良好的班风。此外,班级活动可以倡导良好的风尚,引导学生明确认识,明晰目标;可以激励学生的成就动机,促进学生的全面发展。一节优秀的主题班会课能够解除学生的心理困扰,培养学生良好的道德品质,能够达到"使自卑的心灵自信起来,使懦弱的体魄强壮起来,使狭隘的心胸开阔起来,使迷茫的眼睛明亮起来"的育人效果,充分体现班级活动的"导向功能、凝聚功能、自我教育功能、激励功能、引领功能和感染功能"。正如教学名师的教学风格可以通过其公开课得以展现一样,班主任的专业素养、带班理念、与学生的交往方式、对理想班集体的构想,也都能在其班级活动中体现出来。好的班会课的背后往往蕴含着丰富的教育内容,也会令人回味无穷。

二、主题班级活动的设计

一个好的设计、一个具体做法的背后隐含着班主任的教育思想和理念。因此，班级活动的设计绝不仅仅是操作层面的具体做法，而且是思想观念的现实化过程。我们在对主题背景、活动目标、活动准备、活动过程等四个组成部分的精心设计和实施过程中，都体现了这种理念。要分析活动主题选择的必要性以及可行性；活动目标要明确、清晰、简洁、可行；活动准备指事先完成各种物质上和组织上的工作，包括活动所需用品或需要搜集的资源；活动过程是设计的重点，是组织实施过程的详细描述，包括活动导入的过程和方式、主题展开和深化的办法等，要求逻辑严密，环环相扣。根据主题的不同，可设计环节也会有所不同，但至少都包括主题导入、深化和总结提升三个环节。下面，我们主要对选题、选材和活动形式等逐一简要举例说明。

（一）选题：主题贴切实用，题目凝练活泼

班级活动主题来源于学生生活，是学生成长中的共性问题，其目标是促进学生的全面发展。有的优秀班主任在选题时强调要做到四个"一点"，值得借鉴，即：主题小一点，大处着眼，小处着手，以小见大；主题近一点，即贴近学生，根据不同年龄段学生的心理特点，有针对性地设计贴近他们年龄特点的活动；主题巧一点，是指班级活动的构思要新奇，有创新性、艺术性；主题实一点，是指设计要务本求实，针对实际问题，注重行为指引，努力做到贴近学生生活，针对学生需要。

（二）选材

选材要典型但不极端，贴近生活，积极健康，充满温暖。主题确定后，围绕中心的选材至关重要。好的材料会让课堂增色不少。选材时，我们需要考虑三个问题：是不是合适？有没有更好的选择？材料使用后对学生是否有不良影响？以"感恩教育"为例，这是一个从小学到高中都很容易被班主任选择的主题。但材料的选用体现了班主任的素质和对教育效果的考量。有的班主任容易选择典型的、极端的例子，以期对学生产生强烈的冲击力。但是，班主任一定要考虑到，有些例子并不能起到"震撼"的教育效果，反而容易让学生产生面对父母的负面情绪。同样讲"感恩"主题的班会课，有些老师的选材非常打动人。某老师在执教"感恩父母，心动更要行动"班会课时，呈现的材料是自己切身感受的事情，通过适时的"自我暴露"赢得了同学们的情感共鸣，听课的老师们也为之动容,产生了非常好的教育效果。

(三) 活动

活动应该灵活多样,便于学生参与和体验。活动的目的是让所有的学生都能够在活动中参与、体验、思考和感悟。恰当的活动形式能触动学生内心,改变其不良行为。比如,某老师在执教"珍惜时间,与时间赛跑"班级活动时,对活动的准备就很精心。在导入主题时,他展示出自己制作的《回忆一年的学习和生活》视频,把学生的心紧紧拢在一起。同学们看到入学时军训的照片和一年来学习的场景,"时光易逝"的感叹自然流露出来。

三、实施阶段

(一) 主题导入阶段

主题导入也被称为暖身活动,活动的方式是影响学生对班级活动兴趣与参与热情的主要因素。如果活动新颖有趣,并能引发学生的情感共鸣和思考,就会给后续活动的展开做好铺垫。常见的主题导入形式有以下几种。

1. 故事:通过大家关注的、熟悉的新闻事件或典型故事导入主题,比如:某老师在"赠人玫瑰,手有余香"主题班会课的导入中呈现了引人入胜的小故事《伦敦街头的硬币》,通过故事引起学生的积极思考并引出班级活动主题。

2. 视频:通过能带给学生深刻启示的、具有一定教育意义的视频资料导入。比如:某老师在"阳光心态,美丽人生"主题班会课的导入中,播放歌曲《隐形的翅膀》,伴着优美的旋律,让学生感受阳光心态的力量,感受歌词中那飞扬的青春,引出本节班级活动的主题。

3. 活动:通过学生喜欢的游戏活动、趣味活动或心理测验活动导入。比如:某老师在"分享的快乐"主题班会课的导入中,呈现的魔术表演一开始就吸引住了学生的注意力,激起了学生们参与的热情,进而紧扣主题"分享",抛出问题。

4. 情境:通过设置困境或制造冲突的情境导人主题。比如:某老师在"绽放生命之花,演绎传奇人生"班级活动的导入中,通过"独特的我"纸牌游戏创设情境,引入主题,增强学生对生命的感知。

导入主题的材料一定要经过精心筛选，和主题密切相关，而不是仅仅为了活跃气氛。同时，材料的选择要具有典型性、适切性和启发性，贴近学生生活并具有启发意义。

（二）主题的展开和深化

主题的展开与深化阶段是在主题导入以后，通过有效的活动，让学生深刻体会教育的内容，获得关于主题的态度、体验和经验的过程。在这个环节中，班主任要根据主题和学生的特点选择适宜的活动形式，创设体验的空间，丰富学生的感受，或者通过同学们充分的讨论和不同的经验分享，深化他们的感受，提升他们的认识。

主题深化阶段常用的活动形式有以下几种。

1. 体验感悟式。给学生提供一定的参与机会，通过参与活动，增加直接体验，并在体验中加深他们对相关内容的深入理解和感悟。比如，某老师在"换把椅子坐一坐"设计中，通过"苹果实验"和"换把椅子坐一坐"两个体验活动，让学生比较容易地体悟到"每个人看待事物的角度不同，对待事物的态度就会不同"。

2. 讨论澄清式。学生们在老师的正确引领下，围绕某个主题进行深入的探讨或辩论，加深认识，解除困扰，从而获得对某一问题的清晰认识。比如，某老师在"坚持成就梦想"设计中，通过小组讨论、组间讨论和班内合作等活动，帮助学生澄清认识，合作共赢，设计出高质量的学习计划，为实现梦想创造动力，提升活动效果。

3. 情景模拟式。通过让学生扮演某一角色，模拟一定的生活场景，来获得关于某一问题的深刻体验。比如，某老师在"'试'在人为"设计中，通过情景剧《考生万象》来模拟不同学生面对考试时所产生的焦虑程度和状况。这种方式能够帮助学生深化对考试焦虑的认识。

4. 叙述式。通过一个事件、故事或者案例的讲述，调动学生对故事的体验，唤起学生的情感共鸣。比如，某老师在"踏上新征程，放飞新梦想"设计中，通过叙述案例《小洁的苦恼》，引导学生在困难面前要有克服困难的勇气和信心。

5. 综合式。根据主题班会活动的需要，采用多种活动形式深化主题。比如某老师在"理性追星,快乐成长"设计中,"我的明星偶像"环节运用了叙述、讨论等多种活动形式。这种综合方式为正面的引导和教育做好铺垫,为教育学生理性追星做好准备。

(三) 主题总结和提升阶段

这个阶段是在班会课结束时,由老师和学生共同总结班级活动的体悟,对主题进行深化和提升。恰到好处的主题提升有助于学生获得关于班会主题的清晰的印象。

班主任在总结和提升阶段,必须进行精心的事前准备,确保在发言中凸显主题、深化体验、定向引领,感情真挚且富有力量。例如,老师在执教"珍惜时间,与时间赛跑"时,这样总结:"同学们,我第一次看《梦骑士》这段视频感到非常震撼。视额中的 5 位老人平均年龄 81 岁,尽管风烛残年,仍然追逐梦想,与时间赛跑。大家还不到 18 岁,正处于人生最美好的阶段。但有同学告诉我,高中生涯已经过去了三分之一,感到时间被浪费了,追赶不上去了。看看这 5 位老人,他们 81 岁还能实现自己的梦想,不到 18 岁的你们,从现在做起,还有什么梦想不能实现吗?同学们,请不要遗憾逝去的时光,珍惜现在和未来的每一分钟,与时间赛跑,你定会拥有灿烂的人生。"这样的总结,激励学生立足当下,珍惜时光,凸显主题。

综合来看,一次成功的班级活动往往融合了多种教育元素,是班主任教育智慧的结晶,也是班主任综合素质的集中体现。在班主任专业发展的进程中,每所学校都应该把班会课纳入学校的课程体系中,充分挖掘班会课丰富的教育内涵和特有的教育功能,促进学生身心的全面健康发展。

第八章
学生管理与关怀

第一节　学生管理的基本原则和方法

　　教师管理学生的过程,实质上是教师在与学生交往过程中,通过斗争与妥协、对立与合作来对学生实施教育影响的过程。在这一过程中,教师的总体管理原则至关重要。笔者在多年的学生管理实践过程中总结出一点:要敢于管理、善于管理。从心态上讲,教师要充满信心,敢于管理;从策略上讲,要善于管理。

一、从心态上讲,教师要充满信心,敢于管理

　　由于管理方式方法的选择和运用不当,教师对于学生的管理可能出现低效、无效甚至负效管理行为。这里所谓的负效管理,是指管理行为不仅未达到管理效果,反而给管理者和后续的管理行为带来了不必要的麻烦,甚至有时还不如不进行管理,管理信心、积极性、主动性都受到严重影响,可能出现不管管、不愿管的心理。

　　不敢管、不愿管的心态没有存在的必要性。实际上,与教师相比,学生在知识、阅历、经验、人际交往等各方面都相对较弱。因此,我们完全有能力去管理好自己的学生。畏惧学生管理的心态会导致我们在学生面前手忙脚乱甚至束手无策,从而招来更多的挑战。从这一点上来说,即使真惧怕学生也不能让他

们看出来,否则会激发他们的挑衅行为。如果我们不敢管或不愿管,这只会给自己带来更多的麻烦。当我们面临管理挑战时,不妨与其他老师商量一下,共同寻找解决问题方案。

那为什么出现了不愿管、不敢管的心态呢?首先,部分年轻老师经验不足,缺乏信心,又从部分年长老师那里听到了学生太难管以及管理出问题的信息,一开始就被学生管理给吓住了。其次,当学生管理出现问题的时候,学校领导没有及时地补位,不能够给老师提供支持和保护。

二、从策略上讲:要善于管理,即有理、有选择和效果、有节、有妥协

教师作为一种职业,带有较强的专业性。学生管理工作作为教师的重点工作,也需要具备职业性与专业性。一些老师在学生管理的过程中被学生气得浑身哆嗦、牢骚满腹、情绪久久不能稳定,这种状态严重影响到自己的身体健康。从这一点上来说,这些老师表现得非常不职业,更不专业。专业的老师面对这类学生工作时,能够展现出专业性和职业性来,不会因为个人情绪而影响到身体或工作。这说明教师的专业性和职业性水平需要提升。教师作为一种角色,确实需要一定的表演技巧,但这并不意味着我们要失去真实的自我。在学生面前,我们可以表现得严肃和耐心,但是学生一旦离开我们,我们就要立即恢复正常的精神状态,保持平静、乐观、积极。从事教师这一职业,我们需要具备技巧和策略,更需要具备自我保护能力。

因此,管理学生要讲究策略和技巧。在与学生"斗智斗勇"的过程中,我们不能被自己的情绪束缚住,而是需要冷静思考,寻找有效的对策和策略。我们要学会控制情绪,用智慧和策略来应对各种管理挑战。

(一)有理:对学生实施管理行为,必须有充分、合理的理由

老师对学生实施管理必须具备无可争议的理由。对就是对,不对就是不对,这样的原则不会引起争议。因此,有很多规定必须以文件的形式明确规定下来,并且确保学生了解这些规定的具体内容。有经验的老师还把重要的校规校纪发给学生家长,让学生和家长共同学习,并由家长签上字后交回存档,以备不时之需。这样能够减少学生的直接心理对抗。做到这一点必须准确、及时地

掌握信息，弄不准的情况下不要管，弄错了，容易引起师生心理对抗。实施"有理"的管理行为也是老师强有力的表现。学生喜欢个性鲜明、伸张正义的老师，这一点毋庸置疑。

很多老师的管理行为引起学生的反对的主要原因就是因为学生不认同老师的管理理由。这种不认同往往成为双方争议的焦点。

（二）有选择和效果：选择性管理、不管则已，管则必胜

学生管理的对象要具有选择性。面对纷繁复杂的管理工作，什么都管会耗尽我们的精力，还会严重损害我们的积极性、主动性，使我们疲惫不堪。因此，管理的对象和行为要具有选择性，这就出现了学生管理中的"选择性失明、选择性失聪、选择性遗忘"。学生的日常表现千差万别，不符合管理者价值倾向的日常行为大量存在。这不是放任不管，我们要有策略地处理，避免过度干预。我们也不能因为工作繁忙而对学生的问题视而不见。我们要保持警觉，做到心中有数。这样，必要时我们才能迅速、准确地采取措施。

如何选择管理对象呢？对于已经实施的管理行为，我们又该如何应对呢？在面对学生不符合管理价值取向的行为时，我们要进行管理，但是管理的效果不仅仅在于对当事人的直接影响，更重要的在于后续的效应。以惩罚为主要方式的管理行为，其目的不仅仅是针对具体的学生或事件，而是力求"杀一儆百"的后续效果和普遍影响力。同样，以奖励和表扬为主的管理行为也追求这样的后续效应和普遍效应。如果管理行为只限于针对个别学生或事件，我们的管理行为就会变得非常繁杂，对整体学生的警示和教育作用有限，从而导致教育管理的低效性。

在我们的管理过程中，存在着许多不了了之的管理行为。须知，在管理行为实施的过程中，很多学生都在静静地看着老师和其他学生的表现。我们管理的技巧和管理的效果会直接影响着学生的心理倾向和后续行为。那种比较严重的违纪行为，有的时候老师由于种种原因不了了之，这会直接降低老师在学生中的威信。而且，学生会将其视为老师对某种错误行为的放纵，从而可能会引发某种错误行为的频繁发生。因此，我们要避免出现不了了之的管理行为。

（三）有节：要有节制，不要揪住小辫子不放，显示出老师的宽容与大度

对学生的违纪行为的教育管理，要注意"就事论事"，不要上纲上线。同时，教师一定要注意对于单次违纪行为不要反复提起。要善于忘记学生的过去，展现自己的胸怀和气度。然而，学生的违纪行为往往会反复发生，导致很多老师往往旧事重提，让学生感觉老师心胸狭窄，揪住小辫子不放。这样就引起学生和老师的持续心理对抗，为后续管理制造了不必要的麻烦。翻旧账的目的是引起学生的重视，也让其体验到老师在处理问题时给其留了面子和人情。为了避免引起心理对抗，老师可以引导学生自己去回顾过去的错误，由被动变成了主动。在这个过程中，有些学生逐渐由不太在乎变得懊悔不已，甚至深感愧疚。老师成了旁观者，可以适时安慰引导一下学生，拉近师生的心理距离。在班级管理中，学生体会到老师在处理问题时给他留了情面，他们自然会更加主动地改正自己的错误，提升了教育管理的效能。

有节制的管理方式可以为自己留出回旋的余地。很多时候，有很多老师的管理行为是出于自发的直觉的反应，但是这种反应往往过激。一时的气愤可能导致言辞过激，行为过分，从而引起学生反感和心理对抗，使自己的管理行为陷入困境。因此，很多时候，老师发现学生违纪的时候，只需要暂时制止这种行为，然后给学生留出反思的空间，同时也给自己的处理留下考虑的时间，就有回旋的余地。当发现自己无法控制局面时，不妨放下手头的工作，稍作休息和调整。

（四）有妥协：寻求学生心理上的统一与理解

学生和老师归根结底是一种合作的关系，尽管合作过程中容易出现矛盾，但这些都是可以化解的。学生管理过程实际上是一个在对立中寻找统一的过程，我们的最终目标是让学生接受老师的影响，从而改变他们的思想和行为，因此对立的目的是统一。只有当我们寻求心理上的统一与理解，才能够将教师的影响这一外在因素转化成学生改变自身思想与行为的内在动力。老师只是外因，学生是内因，外因要通过内因发挥作用。如果离开学生自主、自觉、自发的行为，我们的管理是无效的。在与问题学生斗争后，我们要适当让步，寻求理解，维护师生之间的团结与谅解，也防止学生的过激行为导致无法挽回的后果。

（五）需要注意的两个问题

1. 避免陷入无休止的斗争至关重要。部分老师可能由于责任心太强和长期养成的好为人师的职业心理倾向，总是不自觉地陷入与学生无休止的管理斗争中去。他们每次见了学生总想纠正学生的某些缺点。这种连续不断的管理行为会导致管理者身心疲惫。同时，这种管理行为将学生推向了自己的对立面，造成师生心理的严重对抗。学生会故意躲避这些老师，而那些经常赞美学生，容忍学生错误的老师在学生当中更受欢迎。

2. 防范胜于补救。很多班主任可能说，事故总会发生，无法完全预防。但是请大家相信，学生事故的发生大部分是有规律、有征兆可察的。我们在学生管理过程中可以形成某种直觉或者高度的职业敏感性。如果在实践中进行总结，我们可以发现许多规律性的东西。因此，我们完全有能力预防相当一部分学生管理中出现的事故，做到未雨绸缪。相比之下，等到事情发生后再处理就会被动和措手不及。

第二节　问题行为的预防和解决

近年来，学生因学习问题引发的极端危机事件让人深感痛心。这些危机事件的导火索多种多样，如手机被没收、上网课被移出班级群、没交作业。这些事件的背后涉及三个行为主体——学生、家长、教师，两对主要矛盾——亲子矛盾和师生矛盾。其共同根源在于焦虑。作为教师，我们不仅要了解关注学生的家庭成长环境，更需要构建良好的师生关系，最大限度地避免师生矛盾，预防学生危机事件的发生。

在预防与教育"问题学生"方面，教师在班级与课堂管理中必须具备预防意识，及时发现并识别有问题行为的学生。

一、问题行为的预防与教育

（一）要有预防意识，及时发现有问题行为的学生

在学生进校后，教师要通过各种信息和渠道及时摸清学生的基本情况，全面掌握问题学生的相关信息，做到心中有数。否则，日后很多工作会陷于非常被动的局面。一般来说，问题行为涵盖情绪障碍、性格异常、行为异常或由身体、智能等因素而衍生的不良适应的行为。学校教育工作者若能及时掌握这些信息，并关注这些问题行为，才能做到防患于未然。

（二）要有关爱意识，关心和帮助有问题行为的学生

有人说："疼爱自己的孩子是一种本能，而关爱别人的孩子是一种神圣。"教师对学生就需要这种神圣的爱。关爱学生不是关爱少数学生，更不是关爱个别学生，而是关爱每一位学生，特别是"问题学生"。关爱学生必须以学生的成长为着眼点，关注学生的未来，用发展的眼光看待学生，从正面去教育学生。当学生做错事时，如果教师用严厉、歧视的态度对待他们，会使学生感到灰心失望，从而丧失认识错误、改正错误的信心，走向更严重的错误。相反，如果教师能从正面教育入手，帮助他们面对错误、认识错误，他们才能积极向善，改正错误。

二、要具备心理学知识，能诊断和分析学生的问题行为

教育"问题学生"，需要专门的知识诊断、分析并适当解决学生中出现的问题，切忌简单化、片面化。教育"问题学生"的错误思路可以归纳为以下几个方面：一是没有研究学生的愿望，只有"管"学生的冲动；二是不问"为什么"，只问"怎么办"；三是把任何问题都道德化，不承认学生的许多问题属于心理问题和能力问题；四是没有多种假设，只有简单归纳；五是思维缺乏逻辑性；六是工作方法直观化、情绪化；七是只会责备别人，不想反思自我；八是迷信权力，迷信管理、说教、惩罚；九是当惩罚不见效的时候，又转而迷信"爱"；十是当学校管不好时，不切实际地寄希望于家长。

与之相适应，归纳提出了有利于正确诊疗"问题学生"的十一条思路：一

是遇到问题,先稳住事态;二是不急于是非判断和道德归因;三是不搞"态度挂帅";四是先问"为什么",而不是"怎么办";五是了解情况时,行动观察法与心理测验法双管齐下;六是横向、纵向全面了解学生情况;七是确诊前要提出多种假设;八是确诊时,一定要使自己的初步结论合乎逻辑,经得起推敲和质疑;九是确诊时,要首先考虑问题在谁身上,以免某人得病,他人吃药;十是确诊后,一定要有具体的、因人而异的治疗措施;十一是根据治疗效果的反馈来评估自己的诊疗并随时修正。现在的合格教师,不仅仅应具有一定的学历和教学能力,还必须具有一定的心理学、教育学知识,以及较丰富的社会经验和教育经验。学生一旦出现问题,教师要能做到会研究、能诊断。

第三节　学生关怀的实践和体现

关怀教育理论的核心教育思想是"增强学生情感体验与德育实践能力,引导学生懂得关怀、学会关怀"。这一理论对中学教育阶段及领域的不断改革与创新提出了创造性、建设性和科学性的主张。随着时代的变迁,中学德育教学实践中人文关怀缺失,进而引发了一系列问题。如"重成绩、轻育人"等问题迫使德育往往流于形式,忽略了学生在教育中的主体地位,导致学生德育习惯及关怀品格培养不足。因此,关怀教育理论在中学德育中的实践与探索具有重要意义,也是改革当前中学德育的重要抓手与途径。

一、关怀教育理论的概念及特点

所谓"关怀教育理论"就是指处于人际关系中的一种生命互动,而非具体的人类行为方式。关怀的意义不应仅被视作个人品质与美德,它更应该被理解为关系的交织。其核心体现在关怀教育过程中人物的接触、感知与交流,并在此过程中互换角色位置,增强心灵的沟通。关怀教育理论不仅体现了一种崭新的道德价值,也代表了一种新型的德育模式。关怀教育理论的主要目标是培养中学生的认知与感恩能力,让他们学会以具体的行为体现去关怀他人,并成为值得被感恩的人。在正确引导中学生学会关怀他人的同时,也促进学生德、智、体、美、劳的全面发展,推动学生心智的成长,为培养与新时代相契合的"关怀型"人才提供了重要指导。

二、关怀教育理论在中学德育中的实践策略及方式

(一)用关怀的方式给予学生独立生命的尊重

教师不应单纯地为提高学生成绩及能力而受制于教学大纲及目标性极强的教学任务,教师还应该注重情感培养,深入走进学生多姿多彩的生命当中,用真挚的教育去尊重学生个体生命价值。教师不仅要走近学生的日常生活,更要学会从学生的视角去观察世界,跟随他们稚嫩的心灵去感受人生。教师应懂得以心换心,用无微不至的关怀来影响学生的道德成长。这个过程能让学生在学习知识的同时感知情感,发现教师不是单调乏味的真理与知识的传播者,而是注重情感培养的引导者。为了达成这一目标,教师要为学生营造一个多元化、趣味化、智能化的学习环境,让兴趣与好奇心成为学生学习知识的动力。同时,在关怀教育理论观念支持下,教师要摒弃"都是为你好"的传统教育观念,避免给学生带来压迫感,应结合有情感意识投入的德育实践活动,促进学生自身成长能量的释放,为学生的终身发展奠定基础。

(二)德育模式生活化,促进关怀教育理论实践合力发展

关怀教育的核心在于推动德育模式的创新,让学生的道德品质培养与生活化的德育模式紧密相连,从而激发关怀教育理论的核心价值。在实际教学中,教师通过贴近生活化的德育实践活动,引导学生心智的成长。通过活动,学生不仅由"被关怀者"转变为"主动关怀者",感知责任与信任的成熟,还能建立有效的关怀关系。同时,学生应不断探索德育中的自我关怀以及来自周围人的关怀,掌握关怀理论的具体性、活动性与情感性等特点。这样的教育过程将使学生实现从接受关怀到给予关怀,再到感知关怀的蜕变。关怀教育理论在德育中的主体表现形式分为"榜样、对话和实践证明"三个重要环节。其中,"榜样"主要是通过德育生活化教育模式,建立关怀与被关怀的互动关系,使学生能亲身体验并践行关怀教育理论内容。这样一来,他们能成为被关怀者眼中的榜样,

还能有效发挥榜样的力量，学习回应关怀。"对话"在德育活动中具有开放性与科学性，让师生间实现拥有共同情感追求与互相欣赏理解的过程。"实践证明"是通过具体化、生活化的活动来培养学生道德品质，并塑造他们的关怀态度及能力。这也是在现实关怀理论实践的基础之上，对学生展示出的肯定。

（三）构建"三位一体"德育关怀互动教育体系

关怀教育重在培养学生形成良好的品行习惯。对学生而言，学校、家庭、社会是他们成长发展的三大重要环境，通过构建"三位一体"的德育关怀互动教育体系，更有助于学生的成长与生活。利用学生在学校、家庭与社会中的"三维"实践，形成互动式的关怀体系。这不仅能助力学生获取学习自信心与安全感，从而认可关怀，还能让学生增强对社会、家庭及学校的责任感，树立积极的人生观、价值观及世界观，最终成为适应时代的新型人才。

在德育活动中，有效的关怀教育理论实践能为学生指明发展的方向与目标。通过不断实践，学生不断重塑自我，学会倾听、解析和分享情感，并结合恰当的关怀教育方法满足自身德育发展需求。教师以实践活动出发点，激发学生的表达欲与求知欲，提高学生的沟通能力、反思能力与人际交往能力，进一步增强使命感与责任感。这样，关怀成为学生潜移默化的行为记忆，为优化的德育模式助力，切实现学生的全面发展。

第九章
学生评价与激励措施

第一节　学生评价的方法与工具

评价的方法主要分为三种：诊断性评价、形成性评价和总结性评价。这三种评价方法在不同阶段的教学评价中都有重要的作用。诊断性评价，也称教学前评价或前置评价，主要是在教学活动开始之前进行，其目的在于了解学生的学习准备情况，更有效地实施教学计划。形成性评价是在教学过程中评价，更侧重于对学生学习过程的评价。而总结性评价一般是在教学活动告一段落后进行，注重的是教与学的结果，对被评价者所取得的成绩做出全面鉴定，对整个教学方案的有效性做出评定。

除了上述三种主要的评价方法外，还有电子档案袋、量规、概念图、学习契约和范例展示等多种评价工具可以使用。

第二节　激励措施的制定与实施

教育者要正视这样的现实：一个班几十名学生，他们在思想品德、知识技能、人格智慧等方面总会表现出不平衡，客观上存在着明显的差异，这种差异有时在性质和水平上可能表现得相当显著。然而，这种现状不能成为教育者推卸责任的借口。每个学生都应享有公平的机会来发展自己的智慧和潜能。

新时代的班主任，应深刻理解和尊重这些事实，并由此建立相应的教育理念。这些理念中，最为关键的一点就是：教育者应当在承认每个学生存在价值的前提下，通过尊重、关心、激励的方式，唤醒受教育者的内在动力，使他们都能在自己的起点上充分发展潜能。这也是班主任工作艺术的最大体现之一，也是激励性教育艺术的基本思想内核。

一、挖掘"金矿"

作为教育工作者、学生进步成长的引路人，班主任如果能抛开传统观念的羁绊与束缚，以一种全新的视角重新审视自己的教育对象，那么就会惊奇地发现，展现在面前的是座座巨大的"金矿"，蕴藏着无限的智慧、力量、爱心和热情。

班主任工作中的"马太效应"屡见不鲜，其后果令人担忧。"马太效应"使得少数学生成为"精神贵族"，而多数学生成为班级中的"陪衬品"和"附庸物"，从而形成少数与多数的隔阂、分化和对立。这种分化一旦开始，班集体的团结和凝聚力将受到严重破坏，最糟糕的结果就是学生失去了最佳发展环境。在这种情境下，受到过度或不恰当的表扬的少数学生，变得自负自傲、孤芳自赏；而大多数中等和后进学生由于处于一种被忽视甚至被歧视的境地，可能造成心理扭曲，变得消极或自暴自弃。这种局面对于教育者和学生来说都是巨大的损失。正如我国著名教育家陶行知所说："你这糊涂的先生，你的教鞭下有瓦特，你的冷眼里有牛顿，你的讥笑中有爱迪生。"

开启学生心扉的钥匙就掌握在教师的手中。有位哲人曾说："所谓野草，就是价值尚未被发现的植物。"对教育者而言，不是学生缺少美德，而是缺少发现这些美德的眼睛。

长善救失。每个学生都是矛盾的统一体，他们既有优点也有缺点，既有积极的一面，又有消极的一面。教师的任务就是要"长其善而救其失"，即发扬学生的优点，纠正他们的缺点。而要发挥学生的积极因素，关键在于教师要善于发现学生身上的闪光点，充分调动其成长进步的信心和力量。对于成绩差甚至有恶习的学生，教师更不能放弃。如果透视其优点并给予适当的引导和支持，他们可能成为有用之才。相反，如果对他们置之不理，他们可能危害社会。因此，班主任要有高度的社会责任感和坚定信心，坚持"锈铁炼成钢"的精神，立足于争取他们的进步。

二、精雕"玉石"

优秀生在各方面表现优异，经常受到过多的关注、赞扬和奖励，长期处于优越的地位，这容易使他们滋生虚荣高傲、好胜嫉妒等不良心态，而且他们容易经不起批评和挫折等。这些缺点又常被其突出的优点和长处所掩盖，致使教师或忽视，或作其他归因，甚至有意无意加以袒护，这样往往会带来不良后果。

很多优秀生长期生活在"糖水"中，很少受挫，缺乏心理承受能力，形成了外表光亮坚硬，实则不堪一击的"蛋壳心理"。班主任发现了他们身上的缺点后，如果直截了当地当面指出，他们未必能心悦诚服地接受。班主任应让同学帮助他们，让他们深深感受到集体的温暖，感受到同学互助的友谊，从内心深处意识到自己的缺点，从而自觉地加以纠正。

第三节　学生评价与激励措施的结合

多种评价方式将代替传统的评价模式，并在促进学生全面发展中发挥积极而有效的作用。我们本着"以人为本，促进学生全面发展"的评价标准，在教学中，关注学生学业成绩，同时，更多地关注学生在学习过程中是否有浓厚的兴趣以及主动探索研究的精神。在关注学生创新精神和实践能力，运用多元化评价方式，尊重个性差异，帮助学生认识自我，建立自信。

一、以鼓励性评价为主，调动学生学习的积极性、主动性，激励个性发展

与其花费很多时间和精力去苛求学生，不如用一点心力去发现其优点，并

以此鼓励他们，让学生体验成功的滋味。一个班学生的智力、品德、个性等方面往往存在很大差异，教师对学生应当给予不同的鼓励：一要赞誉、鞭策优秀生，二要肯定、鼓励中等生，三要宽容激励后进生。

（一）语言评价

语言评价包括口头评价和书面评价两种。教师对学生的口头评价是评价方式中最直接、最快捷、使用频率最高、影响最大的一种方式，特别是当众口头评价。

我们班有一位学生平时不善言谈，我常常说："你能行！""老师相信你！""你很会说话嘛！"一句句简单激励性的评价，像一股春风滋润了她的心田。慢慢地，她愿意和老师交谈，与同学交往，成为一名在课堂上能够积极思考、主动发言的优等学生。为此，我深受启发，常常用带有丰富情感的语言，鼓励评价学生，张扬了学生的个性，使大多数学生都能像她那样自由和谐地发展。

一名学生各方面都表现不错，只是学习不认真，作业乱画。我在作业后面写了这样一句话："你有礼貌的问候给我留下了很深的印象，我一直对你寄予厚望，希望你勤奋学习，认真做作业。"后来这位学生变了，作业虽然写得有些慢，但书写整洁，在学校作业展示中荣获了二等奖。

一句赞语比任何苦口婆心的说教和任何暴风骤雨般的批评和责备都更有力量。例如，有一位学生打碎了我的水杯，我没有去批评他，只是说："我知道你不是故意的，以后做事小心些，不能再有第二次。"这位同学激动地点点头。

（二）非语言式评价

在重视语言性评价的同时，更应该重视非语言式评价。例如，一个真诚的微笑，一个夸奖的手势，一个肯定的眼神，一个轻轻的抚摸，这些无声的评价是发自内心的，将深深地牵动着学生的心灵，这是一种被评价者最容易接受的评价形式，可以起到此时无声胜有声的效果。

二、学生自评、互评，全面评价学生，勉励共同发展

为了让学生的个性得到更好的发展，教学中我们让每一位被评价者在不断发展和变化的环境中，完善自己，充实自我。虽然他们天真烂漫，但是对事物已

经开始有了自己的看法和见解,也能够表达自己的看法和见解,因此,我们采用以下方式:

(一) 自评

自评就是让学生自己评价自己。学生想象力丰富,有很多创意,教师应该要求学生对他们的行为或作业做出自我评价。例如,处理同学之间的矛盾时,我们让学生自己说说为什么这样做,这样做好在哪里,还打算怎么做,从中认识自己,改正错误。又如,在朗读、背诵、讲故事等活动中,我们可让学生录下自己的声音,先自评,说说好在哪里、哪些还需要改进、怎么改。有位学生在评价自己朗读时是这样说的:"老师,我觉得自己读的比以前有进步了。"我说:"你指哪方面的进步?"他说:"声音洪亮啊,但是没有语气。"他说着低下了头,同学们都为他鼓起掌来,我也高兴地笑了。

(二) 互相评价

由于年龄的关系,学生对自己的认识并不深入,无法完全、公正地进行自我评价。因此,在自评的基础上,应鼓励学生相互评价。教学中可以开展同桌互评、小组互评及全班范围内对学生进行评价。如在朗读、背诵、作业等方面,学生可以在自评的基础上进行互相评价,从而鼓励学生相互促进、相互补充,在互评中寻求进步,促进发展。

第十章
案例集锦

初心不忘滋桃李,春风化雨润娇花

郭　伟

千里一时绿,人间四月天。漫步在美丽的校园,处处桃红柳绿,蝶飞蜂舞,花香弥漫,沁人心脾。而当你移步教学楼一楼的那间教室时,同样的美好感觉也会迎面袭来,因为那里有着天真烂漫、朝气蓬勃的40朵"小花"。我和他们之间发生了许多有趣味的故事,接下来,一起来听一听吧!

故事一:调皮雏菊——初绽放

小飞是名男生,到我班时调皮至极,全校闻名。下课打闹、上课"骚扰",任课老师对他可是频频摇头。我深入了解后,发现他是单亲家庭,年幼时父母对其疏于管教,缺少关爱;初中时,父亲多次对他拳脚相向。对于这样一朵随风摇曳的调皮小雏菊,我针对他的不足,为他量身定做了长达四个周的"花儿绽放计划"。

第一周,我挑他好的行为悄悄地记录,不好的地方不记录,在周五的时候,把他这一周好的表现拿给他看,他很惊讶:原来自己还能听完最不喜欢的英语

110

课,作业也得到 B。然后我问他:"小飞,我觉得你下个星期可以做得更好,你愿意加入老师为你定制的这个'花儿绽放计划'吗?只要你下周记录的良好行为在 10 次以上,老师准许你周末玩一小时的游戏。"他欣然同意。第二周他果然做到了,我也兑现了承诺。

到了第三周,我开了个班会,鼓励全班的同学一对一找找彼此的进步点和闪光点,和小飞结对的那位同学就说:"呀!我最近发现小飞同学交作业比我还积极,上课纪律也好了很多!"其他同学也纷纷点头。同伴们的认可比我一个人的表扬更有力量,他腼腆地笑了。抓住这个契机,我鼓励他对自己再提高点要求!他欣然同意了,也在努力地实现着……

第四周时,我就问他:"你觉得自己的进步大不大?喜欢这样的自己吗?"他点点头。"那让我们一起努力,把这个'花儿绽放计划'完成得更丰富一些,可以吗?"这是我和一个从来不愿和家人敞开心扉的孩子之间的秘密,也是我和他的约定!期末考试来临,他的冲刺劲头令所有人吃惊,最终他居然七个学科有三个学科取得 A,被评为"学习进步标兵"!

只要我们用心架起沟通的桥梁,用爱编织共情的纽带,花儿不但会绽放,而且璀璨夺目!

故事二:羞涩玫瑰——迎风笑

主人公叫小铭,说话轻,走路轻。她胆子很小、心思很细,敏感得有点过头,总觉得别人的谈话与自己有关,总觉得自己在别人眼里一无是处。因此,她常常焦虑失眠,自卑自怜,几乎没有可以倾诉的朋友。

我想,让我去做她的朋友吧。于是,在晨光投射的大树底下,在夕阳倾斜的操场上,在她的周记本上,在她写给我的纸条上,我鼓励她大胆结交朋友,跟大家一起学习、一起游戏。我鼓励她多看自己的长处,也学着去赞美别人的长处……

有一次,小铭找到我,委屈地说:"老师,我觉得我的脑子太笨,成绩太差,我不想再学习了……"我慢慢拉起她的小手,给她讲起故事:文徵明是四大才子之一,他 11 岁时还不会说话,但他同样没有放弃。经过万般努力,他在文学方面取得了巨大成就，人称"四绝"全才。看着她慢慢舒展的小脸，我又说："你呢，老师相信你也可以。但首先，你要相信自己，不能轻言放弃。然后，老师再给你找个小师父帮帮你，相信你也会慢慢成功的！有没有信心呀？"小铭犹豫了一下，但最终她还是坚定地点点头。

事实证明，小铭没有辜负我，也没有辜负她自己。她战胜了自己，取得了成功。她感到很开心，给我写信，说很感谢我，我在她最"黑暗"的时刻为她带来光芒，让她感受到了温暖。听到这样的消息，我怎能不高兴呢？

谁说玫瑰就应该羞答答地、静悄悄地开呢？看看这朵小玫瑰花，在煦风吹拂下，在雨露滋润下，笑得多灿烂呀！

故事三：娇弱蔷薇——溢芳香

2020年寒假，当新冠疫情汹涌来袭时，班级群内像炸了锅，孩子们你一言我一语，透露出恐慌与无助。这时的我迅速在群里向大家发出"不外出、戴口罩、防病毒"的紧急倡议，然后和家长及时沟通，每天安排做好晨检晨报，了解孩子情况、上报有关数据，通过各种方式做孩子们的思想教育工作，传达、普及疫情防控知识和防控要求，时时叮咛，层层防护。

面对关乎生命健康的重大疫情，孩子们的心理难免波动。为了让大家了解事实，消除恐慌，我主动跟家长和孩子们微信或电话沟通，及时进行心理健康状况摸底调查，了解心理动态，并借助每周的线上班会，落实教育主题，注重心理疏导，推送居家体育锻炼小视频，帮他们及时过滤掉焦躁情绪，健康平稳地度过这一时期。

在保证孩子们身心健康的同时，我也制订了相应的计划来应对线上教学。由于缺乏平时面对面的监督，不少孩子表现出自律性不强、上课易分心、课后作业完成不及时等问题。为此，我采取一系列措施：首先，让每个人根据自己的实际情况制定可行的自律作息表，关键在于严格执行。其次，鼓励学生们积极参与课堂互动，做好笔记，勤于思考，积极提问。最后，我定期总结，关注表现优秀的学生，鼓励勤奋的学生，并表扬有进步的学生。这样一来，班级学习情况有所改善，学习氛围也明显提高。孩子们都能每天按时起床打卡，及时完成作业，得到任课老师一致好评!

谁说娇弱的花经不起狂风暴雨?看看这 40 朵小蔷薇,在经历风雨洗礼后,不仅没有弯腰折倒,反而更加坚劲挺拔,芳香四溢!

我始终相信,有些花儿会开得早些,开得香一些,但是还有许多要经历更长的等待和更多的风雨,才能开出更美、更绚烂的花!就让我们一起"初心不忘滋桃李,春风化雨润娇花"吧!

读懂每一位学生的眼睛

丁　毅

人们常说"眼睛是心灵的窗户""眼睛会说话"，这是因为一个人的眼睛最能反映其情感世界和内心活动。作为孩子们的老师，我读懂的不仅仅是内心的情感，更是一个个鲜活的生命和一个个真实的内心世界。

一、关注那双眼睛

学生慧，女，16岁。她总是安静地坐在教室内的一个角落里，低垂着双眼，少言寡语，显得文静乖巧，课上也从不违反纪律。若不是发生了那些事情，我想我不会过多地注意到她。

开学后第二个星期，学校政教处的老师找到我说，娟与校外"不良青年"串通，向我校低年级学生索要钱物。我向班委了解，班委对我诉苦说："老师不在时，她在班里经常违反纪律，无人敢管，我们也不敢告诉老师，因为她外边有'人'，怕遭到她的报复。"她怎么会勒索、打架？我简直不敢相信自己的耳朵。当我要与其家长联系时，她犹如惊弓之鸟，泪水涟涟，哀求不止。我决定再观察她一段时间。随之发生的另一件事更使我震惊：一日放学路上，我见她母亲尾随其后，她发现娟与"不良青年"在一起后怒目圆睁，谩骂不止。这是怎样的一对母女？慧那双叛逆、愤怒而且充满仇恨的眼睛令我心悸。

二、读懂那双眼睛

那种阴郁、叛逆、充满仇恨的眼神在我心头萦绕数日。我决定到慧的家里进行家访，从多方面了解她。

1. 脱节的家庭教育。通过家访，我了解到慧的成长背景。由于家庭原因，慧从小与爷爷、奶奶一起在东北生活，直至读完小学。升入中学时，父母把慧接到身边。父亲一直在外地打工，忽视对她的教育；母亲则背负对她从小缺乏照顾的愧疚之心，辞去工作专职照顾她，对她溺爱，百依百顺。突然离开爷爷、奶奶的呵护，母亲的言听计从和父亲的漠不关心，使慧形成了任性、偏执、敌对性强的个性缺陷。

2. 心理多次受挫。慧在升入初中后，地域变了，学校变了。带有东北口音的她因怕被同学们嘲笑为"小品调"，而变得沉默寡言。她与同学关系日渐疏远冷淡，偶有摩擦便怒火中烧，以打架的形式进行宣泄。原本学习用功的她学习也难以进入状态，逐渐失去了学习兴趣。

3. "网事"如潮。那时，既不想回家也不想上学的她，在一个阴郁的日子里走进了一家网吧。网上聊天让她体会到什么叫"自由快乐"。之后她成了网吧的常客，且逐渐结交了一些自认为能给她"温暖""够义气"的朋友。玩毕竟需要钱，开始她不吃午饭，后来发展到借钱乃至向他人勒索。

三、净化那双眼睛

1. 营造良好师生关系，纯净其朋友圈。网上交谈，打开心扉，这是初期疗法。面对漠视老师的慧，一般的说教已经不能被她所接受，更不能起什么作用，因此我采取网上聊天的方式，以网友身份与之进行反复、迂回的交谈。在她对我表示好感后，我站在了她的面前，她的眼中满是惊愕，继而是欣喜，她说我好像是她的网友中唯一的一个正面人物。她高兴极了，我也高兴极了，因为我终于找到了她身上的正气。

2. 用爱心搭筑桥梁，改善母女关系。我给慧布置一项作业，让她去观察母亲一天的劳作，让她去了解母亲的辛劳，体谅母亲唠叨背后的良苦用心。之后与其母亲座谈，转变其教育观，恳请她与学校进行教育配合，注意自身言行的规范性，密切关注慧的身心发展和变化，及时帮助她克服心理障碍。

3. 营造健康向上的班级环境，善待孤独的"丑小鸭"。当慧的学习态度逐渐趋于端正时，我让慧与一位性格开朗、学习向上且乐于助人的同学成为同桌，利用同桌这种特殊关系，为慧形成一种暗示氛围与榜样效应，帮助她能认识到自己的不足，同时也能看到自己的闪光点。在班级中，我们鼓励慧积极参与班级活动,并为她的每一点进步喝彩,让慧在这个班集体感到温暖、安全,为生活在这个集体而自豪,从而更加自律,乐于为他人服务。慧在奉献中获得了成功的喜悦,同时在成功的激励下不断进步。过了一段时间,她妈妈找到我说,现在女儿跟她关系很好,在家里还主动帮助她做一些家务活。课堂上的慧学习也更认真了。

以前,我常常感慨现在的学生太冷漠,可慧的事让我明白,其实学生的内心世界是丰富而多情的,只是由于我们太专注于对他们的升学教育,而忽略了对他们的情感世界的探究和观察。

要成为一名合格的教师,就应该具有一双敏锐的眼睛,每天认真地观察每一个学生。有的学生嘴上话多,但眼睛分明在向你表达着自我否定;有的学生虽一言不发,但眼睛却在向你诉说着一切。教师要读懂每一位学生的眼睛,让美丽的眼睛更加美丽,让忧郁的眼睛充满阳光。

放手也是爱

丁在娜

"老师,欢迎您回来!我们想您了!""老师,这是我们送给您的礼物!"
听着孩子们亲切的话语,看着黑板上用气球装饰的心形图案,学生精心设计的
美丽卡片,以及句句感人、暖心的话语,多日的焦虑瞬间消失,热泪盈满眼眶。

这一幕发生在我外出培训归来的那个早晨。我的学生给了我一个大大的
惊喜,这完全在意料之外。培训的时间虽然不长——一个星期,但我期间并没
有收到一个学生的信息。我曾怀疑:难道我在孩子们的心里一点都不重要吗?
难道多日的辛勤付出没有在他们的心灵上留下痕迹吗?我暗自神伤。就这样,
一连几日我都在忧虑和踌躇中度过。可是,今天我收获了他们的爱,满满的。

初二的孩子,喜欢你但更多的还是敬畏你。跟他们相处的日子里,我发现
他们没有高年级学生的那份热情与直率。他们不善于直接表达自己的想法,而
是喜欢远远地看着你。在我不在校的日子里,学生用他们自己的方式默默地表
达了对我的爱和想念。井然的学习秩序,良好的班级风貌,以及精心策划的欢
迎仪式,都是他们爱的表达与传递。我心中窃喜,放手的自主班级管理方式起
到了良好的效果。这也深深地让我感受到了爱是相互的。

走进初二的教室,面对跟我的儿子一般大的孩子,一向以跟学生做朋友自
居的我迷茫了,一时不知道以何种身份面对他们:朋友、慈母,还是严师?作为
朋友似乎我比较老成,那就只能是严师和慈母的角色了。找好自己的位置后,
我就大刀阔斧地开始管理我的班级。我认为他们年纪小,自制力差,办事的能
力弱,缺乏思考判断能力,因此我扮演了"严师、慈母"的角色,全方位监管班
级,面面俱到,生怕出现什么纰漏。

小 A 是班级学习成绩较差的孩子,他性格孤僻,经常不完成作业,面对他

一次次违反班级纪律，我"火山爆发"了，严厉地批评了他一番，看着他畏缩害怕的样子，我不免心中窃喜，总算给学生个下马威了。不料好景不长，他又故技重演了。这使我陷入了深思。

静下心来思考，问题究竟出在哪里？为什么严厉的管理带来的不是预想的效果呢？学生的叛逆心理越来越重，违纪事件频发，班级整体的面貌也不是很理想，学习的积极性下降，参与班级活动也没有主动性。是我的管理出了问题吗？是的，我以爱的名义严厉地管理学生，实际上却剥夺了学生的自由与权利，表面上看似风平浪静，实质上却存在着很多的漩涡暗流。学生因为畏惧我，越来越疏远我，整个班级就会陷入一种僵硬的状态，毫无生气。于是，我要改变，用另一种方式爱我的学生——放手，以另一种方式，给他们成长的空间，让他们阳光起来。

一、创新型班级环境，让阳光走进来

班级是学生成长的主阵地。班级生活的质量可以集中反映出学生的精神生活状态。因此，我把权利还给了学生，从改变班级的环境入手，打造一个学生喜欢的品牌班级。让他们充分发挥自己的能力，设计自己喜欢的班级环境。他们的能力是我们所不能想象的。他们群策群力，设计了班名、班徽、班歌、班级口号；设计出了符合班级特色的，以传统文化为底蕴，能激发他们勤于向学的精神、有容乃大的气度、静以志远的理想和处事心境的墙面文化；设计了以蓝天、白云、向日葵花为背景，配以我们的集体照片，彰显了阳光健康、积极向上之美主题展示刊板。我们的班级大变样，处处都是学习的目标和成长的印记。我们班的每一面墙壁现在都会"说话"。

幽雅的班级环境有着春风化雨、润物无声的作用。建设健康高雅的班级文化，可以增强学生对班级生活的兴趣，从而热爱生活。学生触景生情，因美生爱，提高班级凝聚力。个性化的班级环境布置为这个班级，这群阳光的学生提供了更好的成长空间。浓浓的、富有个性的班级文化就像甘甜的雨露，滋润着师生的成长。学生在这里展现魅力、品味成功；编织梦想、放飞希望。

二、自主管理模式,让阳光动起来

班级管理要"两手抓",一方面要完善管理制度,另一方面要着手创立良好的班级文化。班级文化像"水",学生像"鱼";学生在民主、平等、健康的班级文化氛围中,会表现出一种愉快的心情、积极进取的精神。我创立了个性化的班级管理模式,实施日班长制、班委轮值制、人人岗位责任制"三制"班级自主管理模式。我们班级里的每一个成员都是这个大家庭中不可缺少的一分子,全员管理,班级里每一个人都有自己管理的事物。人人参与班级管理,学生的主人翁意识提高了,增强了责任感和义务感。

这种管理模式确保学生都进入管理与被管理的双重角色中,从而进一步增强了学生的主人翁意识,增强了其责任感、义务感。

同时,为了更深入地推进班级文化建设,我们全员参与制定符合本班文化建设和发展的人性化的班规。俗话说:"没有规矩,不成方圆。"如果没有规章制度,班级就会陷入混乱。学生自己制定的快乐公约,更易于接受和遵守。这个公约是由学生反反复复修改与完善的,因此,具有较强的认可度和执行的力度。正是这种学生自主化的管理模式,才更激发了学生参与班级管理的积极性和主动性,使他们真正体现出了主人的身份。

三、丰富班级内涵文化,让阳光更加灿烂

班级文化建设光有华丽的外衣是不够的,我们还需要有特色的内在文化。学生自主设计了班级主题活动。每天早晨,学生们都会利用课前十分钟开展感恩、静思、唱国歌、班歌、经典诵读等活动。这些活动使学生每日心存感恩,感恩父母、感恩老师、感恩同学;静静地思考每日的计划和目标;唱国歌、班歌能增强他们的集体荣誉感。学生在这种良好的氛围中不断地成长,不断地完善自己。心灵得到净化和升华。

四、兴趣小组,让阳光更加闪耀

根据学生需求,我们注重自主性、实践性和综合性特点,构建以学生为主体的多个兴趣小组,如阅读、实验、英语、计算机、绘画、田径、篮球、音乐。我们

不求多但求精,以学生帮学生、以活动促特长,定期开展活动,丰富班级生活,激发学生的潜在智慧和思维能力,有效增强学生的学习兴趣和欲望。

慢慢地,学生变了,小A也在逐步地变化着。他能够主动完成作业,因为有他自己参与制定的班规,他要恪守对自己的承诺。在这种"放手"的模式下,学生们发生着积极改变,他们不再畏惧我,敢于思考了,敢于创新了,敢于将爱表达出来了。放手,并不意味着放纵,而是一个享受工作的过程。它体现了老师对学生的尊重和理解。只有真正放手,才会加深彼此的了解,才会更好地尊重学生,也才能收获到更多的幸福。这种放手的爱,源于内心最真挚的关爱。

班级是一本书,只有细细品读,才能领悟它的真谛;班级是一支歌,只有深情吟唱,才能感受它的激越;班级是一条路,只有自己走,才能体会它的艰辛。只要有心,在班主任这片平凡而美丽的土地上,到处都能种出灿烂的花朵,收获最香甜的果实。

屈尊一寸，何妨？！

李淑悦

我差点铸成大错。

前些日子，学校组织了初四年级数学竞赛，我班比邻班成绩差不少，为此，数学老师找过我，我也因学生的"不争气"而心急如焚。可"屋漏偏逢连阴雨"，随之又传来班级英语测试失利的坏消息，我又急又恼。语文课的上课铃一响，我便给学生布置了大量的课堂作业，足以让他们没有时间乱讲话，然后先从班干部入手，逐个叫到教室外训斥。不知是我表情的失常，还是气氛的异样，竟引起教室内一阵高似一阵的喧闹，这无疑是火上浇油，我怒不可遏地猛地推开门，大声喝道："太不像话，刚才说话的同学站起来！"教室里顿时鸦雀无声，同学们一个个用惊恐的眼睛看着我，没有一个站起来。我又大声重复了一遍："站起来！"平时很老实的胡伟战战兢兢地站了起来，我顿时火冒三丈："你不愿学，走，要说出去说！"雷鸣般的吼声连我自己也有些害怕。

教室里的空气顿时凝固了，只能听到学生怯怯的呼吸声。这时我才猛然意识到自己太过冲动了。其实开学以来，学生的各方面表现都很好，无论是学习还是纪律，我对他们也总是和风细雨。然而，他们突然一连串的"失蹄"，我无法接受，同样我的"晴转多云"，大家肯定感到困惑。想到这里，我有种"只许州官放火，不许百姓点灯"的感觉，心里就像打翻了五味瓶，很不是滋味。然而，为了维护教师的"尊严"，我却不能"让步"了，心想：如果这时给学生道歉，那么老师的威信将荡然无存。于是我强作镇静，佯装愤怒，脸色沉沉。学生在教室里安静地做作业，胡伟则伏在桌子上啜泣了一节课。

以后的一两天里，我每次上语文课，学生总是用很畏惧的眼光看着我，就像一只只小鸡在胆怯地审视着一只饥饿的老鹰，课堂气氛异常沉闷。尤其是胡伟，见到我更是怯生生地躲开，眼里满含着委屈。我看到胡伟这样，心中也有些不自在,总想消除这种紧张的师生关系。但我还是担心去给学生道歉会有失教师的威严。

有一天,我在批阅一次"××,我想对你说"的日记时,翻开胡伟的日记,不由得震住了。只见她写道:"老师,您是知道的,当时说话的绝不止我一个人,如果当时不是我,而是另一个同学站起来,那么很可能挨您训斥的就不是我了。但我只想做个诚实的学生,然而诚实的结果只是换得您把对大家的不满全部倾泻到我一个人身上。老师,您可知道,您的那一声训斥在学生心里有多重的分量……"

还有的同学为她鸣不平:"当时全班同学都说话了,但敢于站起来承受批评的只有胡伟一个人,其他同学都没有诚实地站起来,这说明胡伟是诚实的、勇敢的、正直的,您应该表扬她的这种精神,如果诚实的结果就是遭受粗暴的训斥的话,那么您苦苦教导我们做人要诚实的道理又是为了什么呢?"

我不禁被学生这有力的质问惊住了。是啊,我们每日里苦口婆心传授的不就是这些吗?

看来,我再也不能无动于衷了。班会上我主动提到这件事,并且诚挚地对胡伟和那些在日记里谈及此事的学生说:"你们的坦率、正直和诚实,深深地打动了老师。如果你们能永远保持这种美好的品质,将来一定能成为对社会有用的人和受人尊敬的人!对于前几天老师的冲动行为,我一直很难过、后悔,在这里我郑重地向胡伟同学道歉,请你理解并原谅老师,好吗?而且我会引以为戒,在以后的工作中再不犯同样的错误!"我的话音刚落,教室里便响起雷鸣般的掌声,尤其是那几个学生,脸上都绽放出灿烂的笑容。胡伟更是脸色绯红,她不好意思地低下头,轻轻地咬咬嘴唇说:"谢谢老师!"然后她走到我面前,深深地鞠了一个躬,继而笑着跑回了座位。

我心中悬了多日的石头终于落了地,心情随之畅然。

后来,有学生在日记里这样写道:"李老师就像一个犯了错的学生,真诚地向胡伟道歉,我当时特别感动。事后才知道大家都为李老师的道歉而喝彩,我们为有这样的好老师而自豪!"

在教育过程中,必要时,教师不妨放下所谓的"尊严",屈尊一寸,换来学生的喜爱,继而"亲其师而信其道",这不正是我们教书育人者所要达到的最高境界吗?

作为一名班主任,我一直追求着这样一种境界:在我的班级里,每一名学生都在明媚的阳光中追求真知,奉献爱心,实现自我,感受成功。人人都能以宽容的心态去对待他人的每一次过失,用期待的心态等待他人的每一点进步,用欣赏的目光去关注他人的每一个闪光点,用喜悦的心情去赞许他人的每一份成功。

多年的从教经历让我深深地懂得,不要跟孩子过不去。他们是值得被塑造的精灵。作为老师,你的每一次动怒,都会让孩子对你望而却步,有了心里话,不再愿意和你分享,有了困难和苦恼,不再寻求你的帮助。这不是我们作为老师所期望的。我们希望,在阳光和雨露的洗礼下,他们可以茁壮成长,自由飞翔。

"实干＋巧干"才能走得更远

许文华

在瞬息万变的信息化时代，如何做教师？怎样才能做好班主任？我认为，"实干与巧干"并重的教师是创造型教师。教师应以"反思"的襟怀审视教育、以"探索"的姿态从事教学、以"发现"的目光走近学生。为了提高教学效果，教师需要提高专业技能，培养亲和力，锻炼观察力，提升表达能力。要研究新的教育形式，体验"舌尖上的教育""指尖上的教育""脚尖上的教育""眼尖上的教育""耳尖上的教育"等多种方式，全面促进学生的发展。

一、言传不如身教

"教师你自己，就是最好的教育。所以，要做好教育，先从做好自己做起。"一本书中的这句话让我感同身受。有人说："最短的距离是从手到嘴，最长的距离是从说到做。"确实，实干可以让学生看到实实在在的教育。有时千言万语不如自己亲自躬行，行动如春风化雨般影响着学生。因此，要求学生做到的事，老师自己一定要做到，以身作则，让诚信的种子在学生心中生根发芽。

校园中的绿树让人心旷神怡，陶冶情操，让师生们爱上了绿色校园，更加珍惜和爱护自己的校园。随着秋天的到来，树叶逐渐变黄，秋风一吹，"金色的蝴蝶"在整洁的甬路上"着陆"。这块地方恰巧是班级的卫生区，特别是周一早上落叶堆积如山，给卫生清扫带来了沉重的压力。怎么办呢？班上召开了主题班会，最后学生建议：周一早上两组学生一起行动，值日的10位学生一开校门就马上到校，提前做好分工，提高效率。计划虽好，但落实起来就有难度。周一早上，我早早来到卫生区，却只有一位学生在认真地扫着落叶。我毫不犹豫地与学生一起清扫了起来。来得晚的学生看到这一幕，无需多言，自感惭愧，主动向我说明原因并承认错误。经过数次这样的事情，学生看班主任都能准时做到位,自己也自觉地做得更好。现在,卫生打扫已不再是困扰我班的难题,言传身教,诚信立人,清晨秋风中,学生满脸的汗珠,清扫的身影,构成了校园中一幅动人的画面!

二、改"找差"为"寻美"

当你要让孩子说出自己有哪些优点的时候,许多孩子只盯着自己的缺点,却忽略了自己的优点。这种情况在后进生身上尤为明显,他们几乎对自己全盘否定。事实上,孩子们并不缺少优点、闪光点和兴趣点,哪怕在后进生身上也总能找出很多闪光点和兴趣点,只是我们缺少发现美的眼睛,缺少寻找优点、放大优点的意识。

小恒课上不认真听讲,时常扔东西扰乱课堂秩序;与同学交谈一张口就会出现不文明的语言;课下作业时常不完成;老师指出他的缺点,他脖子一扭、头一歪,一脸不屑、不服气的表情。这样的学生不但老师不喜欢,同学们也不愿意与他交往。

在刚升入初二时,初一的老师就向我诉说了他的"辉煌历史"。走进初二教室的第一节课,我就声色俱厉地把他叫到教室外面"约法三章",来个"先发制人"。没想到他只坚持了三天就原形毕露。看来利用教师权威震慑的这种方法,在他身上已经失效。

在语文午写练字中,我偶然发现小恒的字写得特别漂亮,字的结构、运笔都很到位。我表扬了他一番,他心里非常高兴,侃侃而谈,说是小学时他就去过练字班,自己也非常喜欢练字,交谈时神采飞扬,眼睛中流露出异样的光彩。语文老师因身体原因,请假三周,这三周的语文由我来代上。批改小恒的语文作业时,我发现数量不够,评价给了个 C 等。找他交谈,他低下了头。"小恒你的字写得那么漂亮,语文作业应该能达到优秀等次,加油呀!"他的眼中闪现出一丝光芒。第二天,批改语文作业时,我发现一整页作业纸写得满满的,但作业要求没听好,真是"好事多磨"呀!为了鼓励他,我在批改作业时打了个 B 等。第三天,小恒的语文作业保质保量地呈现在我的眼前,一番感动后,我拿起红笔毫不犹豫地在他的作业上打了优秀等次。

同学们的优秀作业都展示在 QQ 群中，第二天收到小恒妈妈发来的一段视频。妈妈说，视频是她没经过小恒的同意"偷"着转给我的。小恒拜托爸爸给他在家中制作了展示台，把他打 A+ 的语文作业像宝贝似的展示在上面，手舞足蹈地唱起了自编歌曲，真是打心底中美。课堂中的他也老实了很多，特别是语文课中第一次看到他不频繁做小动作认真听讲的姿态。我在班会课中表扬了小恒之后，找他交流，说现在他是"公众人物"，同学们会以他为榜样，所以他的纪律平时一定要注意，他认真地点了点头。接下来的几天，他的纪律保持很好。

小恒的基础差、底子薄是摆在面前的事实，这不是短时间内能改变的，也是阻碍其发展的"瓶颈"。如果引导不到位，之前形成的"星星之火"和学习的激情，很有可能会熄灭。课下我找其交谈，对他最近的表现表示肯定，并针对他的情况与其一起制订了适合的学习计划。只要他有进步就表扬他，帮其树立自信心。在班导会中，我与科任老师交流，针对小恒的实际专门为他订制"学习套餐"，成立帮扶小组，发挥同学之间互帮互助的作用，促其进步。

小恒不仅喜欢练字，还酷爱美术。学校举行科幻画大赛时，我鼓励小恒参加。他认真地绘画并按时提交了作品，从中可以看出他的临摹能力很强。虽然因为缺乏创意没有入选市级比赛，但在班级中我仍然给小恒发了喜报，因为他能坐下来专注的完成某项任务，这是值得高兴的事情，让绘画的种子在他心中生根发芽。后来，学校组织电脑绘画比赛。从没画过的他，也想报名试试。然而，他信心不足，晚上放学迟迟不肯离开。在我的询问下，他才透露了心事。在我的鼓励下，他最终报了名，自己和妈妈在网上查询手机绘画的软件，一画就是两个多小时。他仔细勾画轮廓，认真描绘细毛，一点点上颜色。仔细、认真、心无杂念，畅游在绘画的小天地中。

从练字到语文优秀作业，再到科幻画和电脑绘画，我时刻关注小恒的闪光点。用教师的关注和关爱，以及同学之间的互帮互助，我们帮助小恒树立起学习的自信心，让他对未来充满了希望。

正如书中所说，教师要用欣赏和发展的眼光看待后进生，发现其闪光点，放大优点，此时缺点自然会慢慢淡化甚至消失。

三、搭建沟通桥梁

家长虽然给了孩子生命,但并不意味着能看透孩子的内心世界。看透孩子的内心并不是一件容易的事情。当亲子沟通出现问题时,作为老师,我们要成为他们之间的桥梁,协助找到解决问题的方法。

"老师,小平昨晚作业没做完,她自己不肯到学校,给她请个假。"看着教室里空空的座位,我心里真不是滋味。小平来自单亲家庭,真让人担心。在学校,她乖巧听话,遵守校规校纪,学习成绩还不错,担任地理课代表,深受老师的喜爱。但在家时,她与妈妈几乎不沟通、不交流。当矛盾激化时,她甚至以不上学来要挟妈妈。教育的效果取决于学校和家庭教育的一致性。如果没有这种一致性,那么学校的教学和教育过程就像纸做的房子一样倒塌下来。因此,我决定走进小平的家,去寻求解决问题的方法。小平的家收拾得干净利索,墙上的贴画设计得也很精美。小平并没有出来迎接我,而是像之前和妈妈在家时一样,把她房间的门反锁。在房门的上方有个窟窿,与周围的环境格格不入,很是刺眼。我在卧室外面经过一番苦口婆心的劝说,小平终于把卧室的门打开了,看着她憔悴的样子,我心中真是不舍。我问道:"小平你吃饭了吗?"她摇摇头。我看向她妈妈,妈妈说:"除了上厕所,她就这样一整天关在屋子里,叫吃饭也不出来呀!"于是,我建议小平妈妈去做点孩子爱吃的饭,让孩子吃饱后再聊。小平向我投来了感激的目光。我们并排坐在沙发上,我提议说:"小平,要不我们来聊聊妈妈的优点和缺点吧!""小时候妈妈带我去旅游,到了景点她一直牵着我的手,生怕我走丢。"说到这儿她的脸上露出了甜甜的笑,那是温暖、幸福的笑。"但现在的妈妈,我一做错点小事,她就出口大骂,骂得很难听,我们之间有代沟,所以就不选择与她交流。"妈妈听着听着低下了头。"小平妈妈,你再说说孩子。""孩子在小学四五年级时,有时我下班晚,她还经常帮我热热饭打个下手,真懂事。但现在,她什么家务也不做,拿着手机聊天、看小说。有时太晚,我实在没办法就把家中的网线拔掉,我们俩就发生了冲突……"妈妈承认自己粗暴的训斥方式做得不对,但女儿对于手机的过度迷恋严重影响了身心健康和学业。这次没到校就是因为晚上看手机时间过长,作业没写完。小平也认识到自己玩手机的危害,立刻制定了玩手机的规章制度,让妈妈加以监督。

心灵的大门不容易打开，可是一旦叩开了，走进了孩子的心灵世界中，许多百思不得其解的教育难题，就会在那里找到答案。小平和妈妈之间缺乏沟通，导致矛盾越来越深。作为老师，我们就要做好和谐使者，打通亲子之间的隧道，家校携手，促进孩子健康成长。

我们在撸起袖子"实干"的同时，也要思考能否"巧干"、如何"巧干"，从而获得新的经验，不断更新观念，用创新思维去解决班级管理中的一些"难题"。这样我们就能引导学生走出阴霾，正向成长，并在班级管理工作中让自己走得更稳、更远。

小组竞学助我打造活力班集体

王　燕

新学期,学校开展了热烈的小组竞学活动。作为一名班主任,我在学校倡导的"比学赶帮超"竞学理念引导下,积极营造浓厚的学习氛围,打造富有特色的班级文化,旨在培养学生的竞争意识和进取心,如今,整个班级犹如注入了一股源头活水,展现出一片欣欣向荣的景象。

一、分组科学

如果说班级是一个大的团队,那么竞学小组就是一个个小团队。俗话说"兵熊熊一个,将熊熊一窝",因此,选好优秀的组长是至关重要的。我班共有43人,划分成10个小组,因此,需要10名组长。经过2个多周的观察,我确定出15名候选人。这15名同学的学习成绩均在中游以上,他们自律性强,有上进心,并且有为集体争荣誉的责任感。我让他们准备竞职演讲,展示自我优势,阐述目标,怎以及如何实现小组目标。最后,由同学投票选举产生了10名组长。确定后,我逐一找他们谈话,给他们打气鼓劲,增强他们争一流的信心和斗志。小组长们都跃跃欲试,充满了热情和干劲。

组员由我分别安排到各个小组,以确保10个小组水平相当,有利于公平竞争。小组分好后,每个小组都构成一个独立的团队。从小组长到组员,每个人都开始为自己定位,明确自我的不足,挖掘自身的潜力,最终确定有把握超越的目标。然而,一段时间的运作后,小组间呈现了发展不平衡的趋势。有的小组在学习、卫生、纪律等方面样样领先,因此,小组综合得分很高,而有的小组因个别同学扣分严重,导致小组得分极低,甚至出现负分现象。有一位组长找到我,偷偷跟我说:"老师,能不能把我们组的某某换掉?他老是扣我们组的分,我说他他也不听,这样下去,我们什么时候能争第一呀?"听到学生有这样的负面情绪，我不禁有些担心。如果小组长失去了信心，这个小组就丧失了领导核心，也就失去了竞争力。基于此，我想到了让组长去选组员，或许会让小组重新焕发活力。因此，我对 10 个小组组员重新划定，由组长选择。每个组长有三次选择机会，每次选择一名同学。到最后剩下几名"扣分王"没人选，我就对同学们说，我们是一个整体，应该发扬"不抛弃、不放弃"的精神，不让一个同学掉队。这样，有几名组长义不容辞选择了他们，那几名"扣分王"当时很羞愧。我想，他们一定是认识到了自己的问题。这种无声的教育和鞭策，会比大声的苛责更起作用。

二、奖惩公正

班规班纪制定出来，如何贯彻落实，取决于班主任严明赏罚的态度。

我班有这样一位学生，他在学习和纪律方面都比较差。小组竞学之初，他表现得还算不错。可是不久我发现他似乎破罐子破摔，对我也产生了抵触情绪。为了了解原因，我打电话和他的家长取得联系，家长跟我说了实情。原来，有一次，他违反了午自习的纪律，被学校扣了分，我当时一气之下扣了他 20 分。他回家哭着跟妈妈说："即使我以后好好表现也没用了，什么时候能把这 20 分追回来呀！"这件事让我瞬间意识到自己粗暴的扣分方式，极大地伤害了孩子稚嫩的心灵。

通过这件事情，我对于小组成员的奖分与扣分变得极为谨慎，尽力确保公平公正。日常的小组管理包含学习、纪律、卫生等多个方面。我以奖分为主旋律，扣分为辅助来调动学生的积极性。例如，每堂课积极举手发言的、作业认真完成的、打扫卫生及时的、跑操口号响亮的、路队纪律遵守好的、单元考试优秀的、拾金不昧的等，由班干部和课代表随时通报给我，指定专人登记分数。而对于违反纪律的，我采取了"仁治"的方法，按规定先扣分，但给他们弥补的机会，由他们自己写出错误分析书及整改措施，做好了还给他们加分。比如我班有两位同学被学校执勤抓到骑车载人，扣了班级的分数。我先问清他们原委，他们说是因为老师最后一节课考试拖堂，怕下午上学迟到，所以才犯了错误。听他们这样说，我没有像以前那样大动肝火，而是耐心地讲明了学校此举的目的是保证每位学生的安全,不能因个人的原因破坏学校的规矩。他们当即点头认错。

三、优胜劣汰

这是达尔文进化论的一个基本论点,它不仅适用于生物界,还广泛适用于存在竞争的一切群体中。因此,我把优胜劣汰的法则应用于班级小组竞学中。首先把 10 个小组分成 2 个团队,由班长领导 5 个小组,由团支部书记领导 5 个小组,展开一对一 PK 赛。如果班长一方的团队战胜了团支书一方的团队,她将继续连任班长;如果败北,将由团支书接任班长职务。而每一个小组的组长也不是一成不变的,如果某个组员综合成绩超过了组长,那么将成为下一轮竞学小组中新的组长。组员与组长的表现又密切相关,假如有组员出现违犯纪律与不写作业的情况发生时,不仅要扣个人的分,还要扣组长的分,这样就增强了每一位组长的责任意识,让他们去促进一些后进生向前发展。

两大团队的良性竞争,在班上掀起了竞学的高潮。班长在这种强大压力下,有些吃不消了。有一天课间,我发现她伏在桌面上轻声哭泣。我把她叫了出来,问她为什么哭了,她哽咽着说:"老师,我觉得自己能力有限,不能当班长了。"听她这样说,我心里清楚:她并不是不想当班长,而是害怕班长职务被别人夺走。想到她平时是个稳重但有点内向的女孩,我就鼓励她说:"同学和老师都很看好你,而你为什么这么胆小呢?相信自己有能力赢。即使是输掉了,还有下一次!只要不低头,谁笑到最后谁才是真正的赢家!"班长在我的激励下,坚定地点点头。而另一团队的核心团支书较之以前就更有干劲了。优胜劣汰的竞争法则让班上每一位学生都有了忧患意识,有了争一流的愿望与决心。

四、及时公示

分数体现了每位学生和每个竞学小组在近阶段的综合表现。俗话说"分分分学生的命根",班上的任何一位学生都非常在乎自己的成绩,不愿意落在别人之后。所以,每两个周我都要把个人和小组的竞学成绩统计出来,张贴在墙报栏上,并附有带有激励与反思的班主任寄语,例如:"你离第一有多远?你离最后有多近?今天的你如果不努力,明天的好成绩将遥不可及!"

对于竞学优胜个人和小组，我会采用艺术字的形式展示出来，让这些优秀的名字如同闪亮的星星点缀在教室的墙面上。同时，我还向家长发放表扬函，让他们一起分享孩子成长与进步的快乐。而对于在学习上遇到困难的学生，我主要进行了两方面的沟通。首先和学生沟通，了解他们都面临哪些方面的困难，期待老师给予怎样的帮助；然后和家长沟通，告知孩子在学习上或纪律上出现了一些问题，老师希望和家长一起携手解决问题。每次和家长交流，尤其是面对问题孩子的家长，我都会强调一点：不要打骂孩子。这样的做法，让老师、家长和学生真正站在了一起，而不是对立面。

五、优化班风

如果没有良好的班风作基础，小组竞学只是华丽的空架子。所以，我把建设优良班风作为抓好班级工作的重中之重。首先，我创建积极、健康、和谐的班级文化，通过激励型、挑战型、学习励志型的个性化大标语和口号来引领学生成长。例如，激励型标语有："勤学苦练出成绩，笨孩子也有春天。""热爱你的每一门学科，喜爱你的每一位老师。"挑战型班级口号为"一班一班，勇往直前；看我一班，就不一般"。学习励志型标语为"小步走，不停步；努力走，不落后。努力造就实力，态度决定高度"。这些标语的设置就像无形的指挥棒，给予学生向上的动力。其次，让学生自己编写挑战宣言，并利用班会课大声宣读，直面对手。然后，把这些宣言张贴在墙报栏上。这就犹如战场上两军对峙，谁也不服谁，大家暗地里憋了一股劲，摩拳擦掌，希望通过自己的努力一决高下。

我又利用主题班会向学生传达遵规守纪、勇往直前、勇攀高峰的思想。为了养成学生遵守纪律和高度自觉的学习习惯，我给他们讲了古人"慎独"的故事，告诉他们："慎独"是做人的最高境界，同学们在老师和家长的监督下表现好并不算真的好，只有在没有别人的约束和监管下，能够自觉遵守纪律，自觉学习才是好样的。在这样富有教育意义的小故事引导下，我班学生的早自习、午自习表现很好，几乎没有说话违纪的现象发生。我班有一位家长由衷的赞叹："你们的小组竞学搞得太好了，真正提高了孩子的学习积极性。"

"问渠那得清如许，为有源头活水来。"现在，我们班再也不是落后班级了，期中考试我们荣获了级部学习进步奖,在队列比赛中又获得了第一名,书画展获得级部第二名,平时各科单元测试成绩均名列前茅,科任老师也夸我班同学学习态度端正,有进取心。我要感谢小组竞学这种管理模式,在和学生共同学习成长的过程中,我也真正领悟到了"比学赶帮超"的内涵:通过"比",我们知道了自身的不足;通过"学",我们明确了前进的方向;通过"赶",我们清楚了目标距离;通过"帮",我们实现了互助共赢,共同提升了我们的价值;通过"超",我们切实得到了提高。

蝶变发生于偶然间

刘 军

曾经的那件事，弥散心底的是愧疚，是纠结。理一理纷乱的情绪，我想用一份教育智慧作酵母，去发酵一颗低沉的心灵，然后去品味一种源自卓越教育的幸福。

那次期中学业水平检测，出人意料地，我班成绩一向在 B、C 等转悠的柳青，却意外地跃入了 A 的行列。心觉蹊跷，我便认真地查看了各科成绩，原来是分数计算出了差错，他的等级实际应该是 C。

当晚，我就接到了柳青妈妈的电话："老师，真得感谢您，您让孩子的成绩提高得这么快，这可是破天荒啊。孩子真是幸运，遇到了您这样一位优秀的老师！"听得出电话的那边，语调有些哽咽。

我陷入了愧疚与纠结中，为自己没能让柳青如此优秀而愧疚，为是否将实情告知家长而纠结，不忍心让家长的这份意外惊喜顷刻间化作一盆冰水。于是我对家长说："偶然取得的成绩，也许并不能说明一切，咱们再努力，让孩子的这份优异成绩保持下来。"挂了电话后，我在思量，家长的这份惊喜与感念里，蕴含着对孩子多少热切的期待啊！作为老师，我真应该让她的孩子优秀起来，让她真正拥有一份源于孩子的自豪和幸福。

我找到了柳青，问他是否知道自己的真实成绩。他眼眶里有泪光闪烁，低声嗫嚅着："老师，我知道，可我没能告诉妈妈，因为妈妈把我的成绩向邻居和亲友都炫耀过，我真的没有勇气把实情告诉她。"我拉过他的手说："那我们就一起守住这个秘密，你要做出个决定，用踏实的行动去奋斗出你的优秀，追求你的卓越。只要你肯下功夫，老师有信心帮助你优秀起来，你可得兑现这个美丽的约定啊！"他坚定地点点头。

　　那以后,他"奔跑"了起来。他母亲在电话里激动地告诉我,说孩子因为那次优异的成绩产生了极大的信心,一向完成了作业就完事的他竟然主动买了好几本学科题卷,每晚都要做上几道题。我在他的作业上写了这样一句批语:"心中有梦,脚步铿锵,你离母亲的期望越来越近了。"

　　美好的愿望催生了无限动力,他的期末成绩竟然真的达到了 A 等,让他的母亲真正地骄傲了一回,幸福了一回,也让我对教育有了更深的感悟。

　　每个孩子都是父母手心里捧着的宝,我们不能忽视每一颗渴望优秀的心以及这颗心背后的热切期望,我们应该做的,就是用我们的业务能力去成就每个学生的成长幸福,万万不能让任何一个孩子因被忽略而向隅而泣。

　　这位学生因为一份错误的成绩及母亲的声声赞美而心生愧疚,他意识到应该送给母亲一份真正的惊喜,从而生成了强大的内驱力,实现了一次美丽的蝶变。教育的高明在于将心灵唤醒,一颗觉醒的心灵足以让虚弱的精神站立起来,让缓慢的脚步快起来,将我们的教育主张转化为学生的内心诉求,这是我们亟待采取的教育行动。

　　蝶变发生于偶然间,意外而又在意料之中,当有智慧、有情怀的教育真正地发生时,才能听到幸福的声音,嗅出幸福的味道。

　　当我再次走进了教室,我觉得每个孩子都更可爱了。那一张张笑脸是对老师无限美好的期待,还有诗和远方。我发现,我讲课的声音温婉了起来,这是我听到自己最美妙的声音,教室里弥散着幸福的味道。

乘着激励的翅膀

刘海兰

　　"恩师，我是倩文，我在美国读博士。感谢您！是您在我生命的雨季里的激励、陪伴、开导，让我对未来充满信心。'不惧怕，有信心，才有未来。'恩师，您的话我一直记得，让我在远离祖国的异乡仍不忘初心，砥砺奋进，让我跟其他国度的同伴一起学习时，永远保持不服输的精神……恩师，新年快乐！"读着这条来自大洋彼岸的新年微信祝福，往事一帧帧浮现，我的思绪回到了那个心直口快、多愁善感、敢作敢当的卷毛丫头身上。

一、当叛逆期遇上了青春的雨季

　　倩文是我十年前教过的一个听话的女孩子。刚开始她的表现就像她的名字一样：乖巧勤奋，温文尔雅。可好景不长，她的表现一落千丈：作业潦草应付，准确率低，阶段性测验成绩不理想，上课注意力不集中；与同学渐行渐远，就像一只离群的孤雁。起初我选择了冷处理，原以为给她时间反思，她可以改进，而后提醒了几次，效果不理想。多年的班主任经验告诉我，孩子心中肯定有事，而且事还不小，我决定和她好好谈谈……

　　一个阴雨绵绵的课间操，我们如约在学校心理咨询室见面。在温馨的咨询室，没有任何的开场白，我开门见山。

　　"倩文同学，老师通过近阶段的观察和了解，感觉你心中有事，能否和老师聊聊？"

　　"我没事，老师。"她胆怯地回答我。

　　"我最近一直在关注着你，你的表现和我刚认识的李倩文同学可不一样，一直优秀的你与以前判若两人，我想知道是什么原因。"我继续阐述着疑惑。

"老师,我真的可以相信您吗?您真能帮助我?您能帮我吗?"她胆怯的眼中泛起了泪花。

我知道孩子遇到事了。"你说,我听。"她敞开了心扉,流着泪一口气吐出了近期表现不好的实情:原来她爸爸和妈妈因为她成绩不升反降,天天唠叨,让她感觉努力带来的是无休止的讽刺挖苦,进而让她产生了破罐子破摔的念头,可怜的孩子每天都在以泪洗面中完成作业,在噩梦中醒来……

我开导她说:"你现在需要振作起来,做一个上进的乖孩子,才能有底气去要求父母,要从做好自己开始,从每天的作业开始。耐得住寂寞,方能守得住芳华……"

"本周的作业表现优秀的同学有李倩文……"一天课上我郑重其事地表扬了她,我仔细观察她的反应,她的眼眸中有些许小心翼翼,更多的是期待。但温文尔雅、自信的那个女孩好像还游离于我的视野之外,我知道应该继续让她在课堂上找到自信,让她在同学的赞许的眼神中找到突破自己的勇气,方能让那个无畏的女孩重回正确的轨道。

又一个清晨,她把作业送到办公室,我让她明天上课给大家展示酸的知识思维导图,提前构思,有困难可以寻求帮助。第二天的课堂展示,从树状思维导图的构建,到知识链接过程的主干知识的提炼,到注意问题的题解,她是用流利的普通话展示给同学的。展示后同学们的掌声告诉她:真棒!下课后她走出教室小声告诉我,她一宿没睡好,但她收获了很多,体会到了努力真能创造奇迹!确认过眼神,孩子头顶的阴霾貌似散去。

如何让渴求上进的女孩能更上一步台阶,我开始放我的"大招"。

在一个春日的傍晚,她又找到我:"老师,也许是中考的压力过大,最近我老是提不起精气神来,三分钟热血,真知道努力才能有未来,才能创造奇迹,但老是管不住自己,心里很憋屈,但没人愿意听我说,我知道没有人愿意接受负能量的我。"说着孩子已经泣不成声了。

"你相信我吗?"我试探着问,"那你就每天用日记记录你的喜怒哀乐,愿意和我分享吗?"

"您能帮我守住秘密吗?只有我们两个知道我日记的内容!"

"成交！"我给了她一个坚定的眼神……

班级要成立成绩突破学习竞争小组，全班要选出四个小组长，她落选了。而后我将她与四个组长成立了班级学习超常小组，让她担当第三组员，第二天看到她的日记是这样写的："今天您找我谈话了，说要再给我成立一个组，以此来激励我努力学习，说实话，成立学习小组，没有选我当组长我挺惊讶的，不知道是什么原因，但几天后我就明白了，正如您说的那样'当别人都不重视你的时候，自己更要证明自己'，这句话在我看来是真理。我想说我从来没有放松对自己的要求，您说要我和其他四个组长一样要求自己，我不是这样想的，我要在这个基础上再高出一点点，超越自己。我明白，这需要付出很大的努力，但我知道成功是一点点的积累，厚积薄发才是我自己的选择！"我的点评很简单："加油！明白人生路上有许多不如意，调整好心态，才能让正能量充满胸怀，遇到再大的坎儿也能跨过！"

"今天的作业有点多，这个时间点我的日记还没写，我倔强地打起精神来。不经意间，我看到了自己贴在墙上的笑脸，说实话，我看后，仿佛所有的不愉快都抛到九霄云外了，心旷神怡，美呀！……怀着一颗快乐的心，事半功倍。'欢乐幸福的环境中，心情好了，学习效果自然就好了'，这是恩师的话，有指导意义！"我的点评是："和我今天说的一样，心有灵犀，加油！明白在关键的时刻，再坚持就能看到更美的风景，其实是一种自我的超越！"

二、当梦想插上了腾飞的翅膀……

临近期末，我鼓励她争取做最优秀的自己，目标定高一点，拿出自己的实力，认真对待考试，肯定能突破自我，她赫然写下了自己的目标是 68 分（满分70）。期末考试之前我给了她一张小纸条："认真审题，认真书写，老师眼中用心的女孩一定能完成自己的目标，对此，我没有怀疑！"她期末的成绩是 69 分！理想的成绩是那么顺理成章。

"今天拿到日记本，有种老朋友久违重逢的感觉。说实话，没写日记的这几天，我每天都觉得心空空的，一天的话没有人诉说，现在它又回来了，您也回来了，激动的心情无法诉说……"这是我出去学习一个周回来后她写的日记。我的点评很长，和她谈到了理想，谈到了未来，告诉她路很长，唯有脚可以征服，梦想很远,唯有拼搏才能实现!

毕业前一天的日记她是在 QQ 上发给我的:"老师,感谢一年的激励和陪伴,我会带着的您的祝福和嘱托上路,三年高中时光,我定不负韶华,三年后等着我的好消息!"

拿到美国博士邀请函的时候,她微信告诉我:"恩师,我即将踏上异国的土地,不敢忘您的谆谆教诲:耐得住寂寞,方能守得住芳华,让梦想尽情地飞翔。我会努力,恩师,祝您身体健康!"

教育是从什么时候开始的?一定是从学生喜欢上这个教师开始的!如果在学生成长的雨季,我们没有发现和引导,如果师生关系中没有真诚的欣赏与激励,任何学生都可能失去自信心。所以,适度的表扬和鼓励,能让学生品尝到成功的喜悦,在被欣赏的愉悦体验中奋发、崛起。不容怀疑,每一个学生都有闪光点可以挖掘,关键是怎样挖掘、何时挖掘。对学生而言,被人欣赏,特别是被老师欣赏,无疑是一种幸福,是一种信任。

为每个孩子的梦想插上翅膀,让他们乘着激励的翅膀,飞得更高,飞向更远!

我的小组我做主

唐小娜

在开学初对学生进行各种名目的分组是班主任工作的一项重要内容，但学习小组的构建是班主任最谨慎也是最不容易操作的，因为小组的构建要考虑学生的学习成绩、性格特点、性别、家庭环境等各方面的因素，而不能但凭学习成绩一项来安排，特别是还要满足教师、同学，甚至是家长的要求，这样就更增加了班主任工作的难度。

我任教十几年，担任班主任也有十几个年头了。曾经在开学先后接到多个电话，都要求自己的孩子坐在教室第二排中间。家长或学生有各种理由，比如个子矮、近视，这对我们排位和分组增加了难度，我开始思考调整分组的策略。

于是我向学生提出了"我的小组我做主"的观点，要求学生自主搭配小组，并与学生一起讨论研究建组的方案，前提是必须保证班级的整体利益。

具体方法为：首先确定组数与组长，要求组长人选为班级中成绩优秀、有高度的责任心和奉献精神、有良好的组织管理能力、人际关系良好的同学。由全体同学选举出组长。

组长和同学们双向选择小组成员，组员找到想在的小组的组长，组长确定出组员人选，但每组中要包含不同等次的学生，使各组综合水平均等。

小组成员要服从组长的领导，以小组的发展为己任，课堂上认真合作，不进行与课堂无关的活动，如说话、搞小动作。课后认真完成各项工作。小组成员的学习、纪律分数共享。

小组分好以后，组长以抽签的形式，确定每组的位置，在大组位置不变的前提下，组内位置可调换。一个月后，每一排前后两组交换位置，排与排之间交换位置。保证每名同学都可以在不同的位置，全班同学位置分配公平合理。由于组内成员位置可调，也可避免身高产生的遮挡问题。

当然，为了保证学生合作学习的积极性，我们也建立了相应的小组评价机制，在此不再赘述。

当我给学生提出我的想法时，学生一呼百应，欢呼雀跃。不到半天，学生的小组就建立好了，我观察了一下，有的同学虽然个头挺大，但人缘不错，同组的同学很乐意让他坐在前面，小组成员间的合作氛围也非常和谐。

这种小构建的模式进行了一段时间后，我们的老师感慨，刚开始时，心里都捏着一把汗，怕这样分组班级学生不可控制，学生小团体现象会更严重，但实际的效果是，由于学生以自己的意愿组建小组，学生表现更积极，参与热情更高。一些平时关系非常近的同学，尤其是老师眼中的小团体，当他们没有距离，也就减少了很多的神秘感。近距离接触使学生更容易发现彼此的优点，大家都十分维护自己小组的利益。班级的学习氛围更浓，纪律更好，有的学生甚至提出了卫生也按照此小组进行，实行小组分包卫生区的办法。在班会上，这一提议也得到了全班同学的响应，我班的卫生工作有了新的起色。

通过这种尝试，我发现了学生的潜能和师生观念的不协调。我们老师往往会以传统观念来做事，但面对活生生的学生，我们是否敢于尝试哪种方法才是更适合学生的？是否给予学生足够的尊重与信任？我们的班级管理怎样做才更有效？在很多人持否定态度的小组构建方法上，我大胆地跨出了一步，也收到了非常好的效果，试想，如果没有开学时的问题，我怎么可能发现这小组构建的"春天"？在以后的各项工作中，我会不断探索创新，做适合学生的"教育"。

天下兴亡，我有责

于文飞

一、案例描述

进入初三的孩子们学习勤奋努力了，成绩也进步了，可以说，从知识、智力、技能、学习态度层面来看，他们的能力都在逐步提升。但在校园、教室里，我们经常看到：地上有纸团，不知是谁扔的，也没有人捡起来；教室里的灯有时没人关；同学们洗手时打开水龙头哗哗地冲，冲完了不关严就走了，水在一滴一滴地流……

二、案例分析

如果这些孩子没有责任意识，没有家国情怀，不愿接续奋斗，那么只有成绩的优秀是毫无意义的。"匹夫有责"的正确理解应该是"我有责任"，是"我的责任"，所以就设计了这节关于"责任教育"的主题班会案例，突出主题"天下兴亡我有责，强国一代有我在"。

（一）明确主题——天下兴亡我有责

1. 展示主题"天下兴亡我有责"。对比顾炎武名言"天下兴亡匹夫有责"，让学生思考两句话的区别。

"天下"和"我"，强调"个人"对国家的责任与担当，"我"不是"匹夫""他人""别人""每个人"，而是"我将无我"的"我"。

2. 明确目标：天下兴亡，我有责。

（二）情景再现——为什么"我有责"

1. 五四运动情境再现。① 播放《我的一九一九》电影片段，感受百年前青年的责任与担当。② 邀请学生作为"历史朗读者"，配合老师完成一段"五四演讲现场"再现,营造气氛,其他学生感受演讲过程;演讲结束后采访演讲者和听众的感受,引导学生产生"责任"联想。

情景再现:当天,当学生们在前门外演说正兴时,一队警察驱逐听众,这时北大学生站起来怒喝警察:"汝所冠非中国之冠乎?汝所履非中国之土乎?汝所衣、所食、所仰事、所俯蓄非皆中国国民之血汗乎?……奈何我辈为救汝中国而讲演,而汝反助彼仇人而驱逐听讲者乎?……"话音未落,这些警察就已经"感激泣下"。

2. 新中国成立情境再现。① 播放《建国大业》电影片段,引导学生回忆那段峥嵘岁月,想到 70 多年前那些浴血奋战的青年勇士。② 播放纪录片《张富清》,从感人至深的话语里体会那一代人的责任意识和担责行动。③ 学生谈感想,教师引导学生联想"勇敢—担当—责任—前进"等关键词的联系。

3. 改革开放情景再现。① 播放短片《中国巨变》。② 骄傲而自豪地欣赏日新月异的中国,以时间轴和人物轴为两条线索,触发学生的深度思考。

4. 接续责任——"强国目标"和"强国一代"。经过上述三个历史阶段,接力棒已经到了"强国一代"中学生的手中。展示十九大提出的"两步走"的强国战略和"强国一代"的定义。

(三)开展辩论——靠什么"担我责"

1. 辩论:为什么我们被称作"强国一代"?也有一种声音称我们是"垮掉一代"?

2. 列举:作为当代青年,与父辈相比,在担当历史责任面前,我们的优势是什么?劣势又是什么?

3. 各小组辩论并有条理地记录,提出有针对性的解决措施。

(四)故事诗词分享——怎么样"担我责"

1. 激发心智——爱国人物故事会。① 危急时刻,挺身而出——董存瑞。思考:董存瑞有哪些精神值得我们学习?② 开创楚辞,辅佐明君——屈原。思考:屈原有哪些精神值得我们学习?

2. 启发心志——爱国诗词展示会。

人生自古谁无死,留取丹心照汗青。——文天祥《过零丁洋》

男儿何不带吴钩，收取关山五十州。——李贺《南园》

一年三百六十日，多是横戈马上行。——戚继光《马上作》

一腔热血勤珍重，洒去犹能化碧涛。——秋瑾《对酒》

只解沙场为国死，何须马革裹尸还。——徐锡麟《出塞》

寄意寒星荃不察，我以我血荐轩辕。——鲁迅

3. 教师适时点评，突出责任担当要有脚踏实地的精神，要做实干家。

4. 体会习近平总书记对"强国一代"的嘱托，真真正正地"学会"扛起责任。

（五）展望行动——接龙"强国体"

1. "强国体"介绍：2018 年 1 月 2 日，《中国青年报》新年献词"新时代，我的舞台我的国"，引起青年的积极响应和参与，进而形成特殊的文体模式"强国体"，以此表达对祖国发展的责任担当意识。

2. "强国体"举例：① 你看到社会繁荣稳定，人们脸上洋溢着幸福的笑容，但你可能不知道，为了万家的灯火团圆，我在大漠戈壁默默奉献着自己的青春。我是解放军基层军官，我希望可以为祖国和人民站好每一班岗，"强国一代"有我在！② 你看到这些年身边出现了很多外国人的身影，但你可能不知道，为了向海外传达中国魅力，传递友好交往的理念，我在大洋彼岸向每一位不了解中国的人诉说中国故事。我是一位对外汉语志愿者，我希望能有更多的外国人倾听中国声音、了解中国故事，"强国一代"有我在！

3. 接龙"强国体"，提示学生可以以现在自己的身份来写，也可以以未来自己的身份来写，大声读出自己的"强国体"，将其贴到"强国"展板上并签名。

4. 播放励志歌曲《强国一代有我在》。《强国一代有我在》的歌词非常有意义："我们站在舞台中央，肩上扛着使命荣光，中国正在强起来，这是我们的时代！……"

三、总结与反思

本课例通过历史长河中的三个片段引出一个个"责任"情景，让学生积极思考自己作为"强国一代"的责任到底是什么、怎么样更好地履责。

　　辩论赛、故事诗词分享以及接龙"强国体",让正能量的形象影响学生的价值观,激起学生心中对责任的理解。从理想信念、道德情操、专业本领、脚踏实地等方面给学生准确的指引。

　　责任教育刻到了学生心坎里,学生经过一番头脑风暴后,更加明确了自己的历史使命和责任,将自己的理想、目标与国家的发展、强国目标的实现进行了更进一步的深度联结。

让小小心房沐浴爱的阳光

王　燕

一、案例描述

中学时光是人生中一段美好、纯真的生活，十四五岁的孩子应该是一群生长在灿烂阳光里的明朗少年，他们的心灵就像一座温暖的小房子，里面盛满了爱、希望、理想……然而时下，身处于经济高速发展的信息化时代的学生们，由于家庭、交友、网络、社会等方面的原因，他们的心理也出现了很多问题，如脆弱、任性、惰性、冷漠。这不仅对学生的生活和学习产生了重大影响，而且由此产生了一些较为严重的问题：离家出走、逃学、旷课、打架斗殴……

二、案例分析

让生活失去色彩的，不是伤痛，而是内心世界的困惑；让脸上失去笑容的，不是磨难，而是禁闭心灵的缄默。没有谁的心灵永远一尘不染，沟通消除隔阂，交流敞开心扉，真诚融化壁垒。

我想，班主任要想赢得孩子们的信任，就应该以平等、诚挚的姿态积极地和每一个孩子进行有效的沟通，真正走进他们的内心世界，做他们的良师与益友。

（一）用爱的金钥匙开启每一扇心门

情感的付出是相互的，孩子们只有感受到来自老师温暖的爱抚，才能毫无顾忌地敞开心扉。

1. 爱的呼唤，矫正叛逆的脚步。青少年学生叛逆心理的形成，很多都与教师的教育方法不当有关。为此，教育者首先要着力于提高自身素养，使自己要具备良好的教育心态，把关心、尊重、爱护学生放在首位。当学生出现过激行为时,教师要学会制怒,善于运用教育机智和教育策略,巧妙化解师生冲突。

我班有一位男同学经常上课捣乱,被老师批评还不服气,认为批评他的老师都是看他不顺眼,课堂上顶撞老师的事情屡有发生,在班级上造成很坏的影响。我找到他,看到他依然是不屑一顾的表情,我没有发怒,而是面带微笑用柔和的语言调侃他:"我真的很佩服你,我读书时对老师有怨言从不敢让别人知道,比起你可差远了,你真是敢作敢当的大丈夫。"他听了扑哧一声笑了:"老师,你可别损我了。"师生之间的距离在幽默中一下子拉近,然后我再对他晓之以理,他的态度有了 180 度的大转变,频频点头称是。如果教师把自己的态度和叛逆的学生置于对立的位置上,那么即使有再好的口才也不能让学生信服。

唯有炽热的感情、真挚的语言,才能打动学生叛逆的心,教师要用温柔的爱矫正学生不良的心理,为他们创设良好的心境,激发他们心底里最美、最真、最善的情感。

2. 爱的呵护,抚慰受伤的心灵。幼小的心灵,最怕被扭曲,受伤的花儿,最需备至呵护。爱能温暖稚嫩的臂膀,能抚慰受伤的心灵,胜过任何灵丹妙药。

班中有一个非常文静内向的女孩,名字叫辛奕。新学期刚分班时,每天早晨她到校后都哭着跟我说:"老师,我肚子疼得厉害。"看她的样子的确不像撒谎,于是急忙打电话让妈妈送她去医院检查,几次之后我觉得很蹊跷,就约她妈妈深谈了一次,终于知道原来这是一个内心极其脆弱的孩子。她因为在小学被老师伤害过,以至于看到老师就害怕紧张,可怕的是由心理问题引发了身体上的不舒服和疼痛,甚至到了不能上学的程度。

了解了原因之后,我深深感到做一名教师责任重大。为了帮助她赶走心魔,我先跟任课老师打好招呼,要给予这个女孩子多一点细心的呵护和真挚的表扬。然后每天我都微笑着在教室门口迎接她的到来,看到她后,先给她一个亲切的拥抱,再拉着她的手嘘寒问暖,消除她的紧张感,让她感觉我就像她的妈妈一样。一段时间之后,她身体上的疼痛感慢慢消失了,小小的脸上也会绽开笑容了。

由此看来,教师真诚的爱所产生的动力是不可估量的。

3. 爱的倾斜,驱散自卑者心灵天空的阴霾。老师们常常认为自己对待学生是公平公正的，没有偏私。其实不自觉地，我们有时会把大部分欣赏赞叹的目光给予了优生们。而对待后进生们，总会少一份耐心，多一份苛责。换位思考一下，其实他们小小的心灵已伤痕累累。因此对待后进生，我首先是帮助他们找回自信，树立学习的信心，尽量给予他们"优待"，例如排座位优先，和学习优秀的学生同坐；在课堂提问上优先，只要他们举手，肯定先让他们回答，即使回答错了也会表扬他们勇敢；批改作业优先，每次作业先批改并且尽可能增加面批的机会；分层管理，使后进生拥有成功的体验和乐趣，每次检测采用 AB卷，学生自主选择试卷；建立成长档案，把后进生成长过程中的一个个闪光点串联成美丽的珠串，不断激励他们向前；在平时的学习、生活中，对那些学习困难生采取多表扬、少批评，多观察、少歧视的态度，努力寻找他们的闪光点，使他们健康、快乐地成长，展现自己独特的风采。

（二）用倾听架起通向孩子心灵的桥梁

一旦有人倾听自己时，就会感到自己被重视。但是，在与学生的交流中，我们似乎已经习惯于要求学生倾听，而忽视了静下心来倾听一下学生的内心世界，这样的交流，只有言说者对倾听者的高压，而没有理解，没有宽容，没有平等。在这种教育环境下长大的孩子很难获得言说者的主动。于是，创新与锐气便远离了学生，木讷的不仅是他们的言语，甚至会慢慢侵蚀他们的思想与灵魂。其实，在教育过程中，教师的说与听是同等重要的，从某种意义上说，听有时比说还要重要。

1. 在班会课上倾听学生的快乐。每周的班会课，我总会拿出一点时间，让学生谈谈自己的快乐。当学生取得了好成绩时，教师要及时加以鼓励，让学生大胆表露自己的骄傲和快乐，不要唯恐学生骄傲而故意装出不屑的样子。要知道，学生的成功是经过努力获得的，他们希望得到教师和家长的认可。当然，教师和家长在分享其快乐的同时，适当提醒他们不要骄傲，他们也会乐意接受，但如果怕他们骄傲而加以责备、训斥，他们就会十分沮丧，从此以后不再向家长和老师"报喜"了。长期在这种环境中长大的学生会变得喜怒不形于色，沉默寡言，产生心理障碍。

2. 课下悄悄倾听学生的烦恼。班主任不仅要倾听学生的快乐，更要倾听学生的烦恼。帮助他们寻找解决的方法,减轻他们的心理负担。更重要的是让他们学会解决这些问题的方法。在他们的成长过程中,这是一件非常重要的事情,也关系到他们的健康成长和幸福人生。

我教过这样一个女学生——活泼、好学,是公认的好学生。可不知为什么有一段时间她发生了很大的变化,课堂上开小差,作业潦草,接着数学老师因她不负责任撤掉了她数学课代表的职务,英语老师又发现她抄袭答案的行为。我很奇怪,便问:"泽华,最近怎么回事?"她沉默不语,并把头扭向一边,拒绝回答。我又问:"数学课代表被撤了,心里不难过吗?"谁知她竟然说:"我很高兴,再也不用那么累了。"经验告诉我,这个孩子肯定遇到了一个大烦恼。如果采取简单粗暴的方法或者不闻不问,后果将是所有人不愿看到的结果。我把她拉向一边,握着她的手语重心长地说:"我一直认为你是个在蜜罐里长大的幸运女孩,聪明又可爱,可以告诉我你遇到了什么烦心事吗?"说到此,这个女孩已经泪流满面了:"老师,您知道吗,这个蜜罐现在已经打破了。我爸爸都不理我和妈妈了。"接着她把家里发生的事情全部告诉了我,并说觉得现在学习好坏无所谓,因为没人关心她。听完她的诉说之后,我说:"原来是这样。困难是暂时的,一定会找到解决问题的方法。我接触过你的爸爸,我认为他是个很有责任感的父亲。再说老师和同学都是你的好朋友,大家都会帮助你。"这次谈话之后,我和她的父亲及她又进行了几次沟通。渐渐地,她又绽开了笑脸。我想,是老师耐心的倾听让无助的孩子找到了自信和力量。

3. 运用笔谈倾听学生的心声。相信每位教育工作者都明白:学生是具有思想情感的人,他们具有独立的人格,有自己的尊严和正当的需求。他们不愿意被动地接受强加在他们身上的条条框框,即使是为他们好。他们有权利提出内心的要求。为了能够倾听每一位学生心底最真实的声音,我让他们每周给我写一封信,题目是《老师,我想对你说》。每一封信我都会认真看完,并且给他们回信,解答他们的疑惑,帮助他们找到解决问题的方法,对于自己做得不好的地方也会向他们真诚地道歉。在这个过程中,我已经化身成他们心理上最可信赖的老师,最亲密无间的朋友,最棒的心理咨询师。

三、总结与反思

在与学生相处的过程中，我始终以平等、尊重、真诚和无微不至的关爱，去开启每个学生的心门，因他们的快乐而快乐，因他们的烦恼而烦恼。我的付出也有了最动人的回报——孩子们亲切地称呼我为"老师妈妈"，他们不再对我设防，他们愿意和我亲近，愿与我分享少年的小秘密。有一位学生在信中写道："我由衷地谢谢您，老师，您的鼓励我用心记下了，我一定会走出困境，迎头赶上。"还有的家长打电话给我说："老师，谢谢您对孩子的开导。我们看到孩子的进步非常感动……"我想，每个孩子都是有感情的，他们一定是从我平和委婉的语气、真挚朴实的情感、平易近人的姿态中，感受到了我对他们的赤诚之心，从而引起了他们对美好未来的无限渴望。我相信，沐浴在灿烂阳光中的心灵会如花朵一样美丽。

"因材施教"提高班级凝聚力

许文华

现在的初中生大多是独生子女,从小被家里人宠着、惯着,抗挫折能力差,缺乏团结互助的意识,这对班级管理极为不利。一个优良的班集体应该有一个积极向上的班风、团结一致的学风,学生尊敬老师,老师爱护学生,学生与学生之间互相帮助。如果每个学生把班级看成是自己的家,这样的班级何愁管理不好呢?关键是如何形成良好的班风?如何提高班级凝聚力?"学会用生态的多元的观点来看我们的孩子,我们就会发现大树有大树的风采,小草也有小草的魅力。地球正因为生物的多样性,才显得如此生机勃勃、如此美轮美奂。"这是李希贵老师所说的一段话,也是我很喜欢的一段话,对我的班级管理启发影响很大。

一、哪里闪光就打造哪里,学生有了不起的潜能

班上的小帅同学坐在班里最后一排,课上时常与旁边同学说话,趴在桌子上半睡不睡,课本翻都不翻,叫起来回答问题时站起来头一低什么也不说。这时候,笔者有一腔怒火,真想像"机枪"一样发泄出来,耳边回荡起李希贵老师说的一句话:"教育其实很简单:一腔真爱,一份宽容,如此而已。"于是我缓了口气说:"你坐下吧!"

运动赛场上的一幕幕镜头深深地震撼了我!百米赛场上,他如一匹黑马奔驰在跑道上,以绝对的优势获得了这个项目的冠军!再看跳高场地的他,身轻如燕,经过一轮轮的比赛,竟打破上届校运动会的记录!黑黝黝的脸上挂满了晶莹的汗珠,荡漾着自信的笑容!课堂上的"病猫"小帅还有另外一面!为何不从体育入手来调动他学习的积极性?我以这次运动会为切入点,对小帅在运动会上的突出表现给予了大大的表扬,同学们全票通过由他担任军体委员。当

上了班干部的他,热泪盈眶,哽咽地说:"我不会让老师和同学们失望的,我会努力的!"每天课间操,我们班总是整队及时,口号响亮,步伐整齐。在每天的"两操"活动中,班上没失掉一分,小帅功不可没,这与他强烈的责任心是分不开的。课上,他也一改往日消沉的状态,用心地学着、记着。看到他的转变,老师、同学、家长都喜在心上,都愿意帮助他。经过不懈努力,第一学期期末考试,小帅的所有学科全部合格。与此同时,他也加入了校足球队,在市足球联赛中获得佳绩。

用多元的观点看待孩子,要善于发现他们的闪光点,因材施教,及时给予他们肯定和赏识,要懂得去尊重孩子的个性、特长,为孩子提供自由广阔的发展空间。

二、增加了评价的尺子,会让更多的学生体验到了成功

小颖在初一上学期时,是一名优秀的学生。有一次她把手机带到学校,不知是哪位同学"告密"说她带手机玩游戏,班主任气冲冲来到教室,让班长当场从她书包中"搜"出手机,直接没收,还对她进行严厉的批评教育。小颖连辩解的机会都没有,就被"定罪"了。其实是早晨小颖的车坏了,妈妈凑合着把车修理好,怕路上车再坏了就把手机放她包里,如再坏了打电话告诉她。学校里,老师刚在班上强调不准带手机到学校,小颖就碰"枪口"上了。她也一肚子委屈,于是与班主任之间产生了隔阂,不喜欢班主任的课,成绩一落千丈。升入初二,小颖理着标准的男式短发,戴着一副黑框眼镜,脸上毫无表情,给人难以接触的感觉。地理学 34 个省级行政单位时,我让同学们自画 34 个省级行政单位图,小颖画得非常出色,上面的文字也写得非常认真。我在班上展示了她的作品,并把作品贴在班级的学习园地中。这对于老师来说再寻常不过,但对于学生来说,这就是"不寻常",他们往往能高兴一整天。这份荣誉使她备感自豪和自信。她课上认真听课积极发言,课下用功复习,地理成绩从升年级时的刚合格飞跃到优秀行列。地理学科的进步,辐射带动了小颖学习其他学科。年末考试中她的总成绩名列班上前茅,以前她少有表情的脸上也露出了微笑。

明智的表扬对学生的作用如同阳光对花朵。孩子在成长过程中遇到挫折

时尤其需要这样的阳光——适时表扬、鼓励。哪里闪光就从哪儿入手,当学生的心结打开,学习的热情被点燃,还有什么攻克不了的难关?

三、用爱去冶愈孩子的心灵,帮他们走出阴霾

小霖是班上学习数一数二的尖子生,课上回答问题积极,声音响亮,课堂效率高,是同学们学习的榜样。

但接下来发生的几件事却让我感到很震惊。班长急匆匆地跑来告诉我:"老师,不好了,小霖和体育老师吵起来了!"我来到操场上把她叫到了教室里,问她怎么回事。她低下了头,小声说:"我没请假就没去上体育课,体育老师批评了我,我就和体育老师顶嘴。"我还没来得及批评她,她就推了推眼镜,躬了一下腰,眼里噙满了泪水,说:"老师,对不起,是我做得不对。"我放缓了语气说:"小霖,有事确实不能上体育课,要向体育老师和班主任请假,你有什么特殊情况不能上体育课吗?"她摇了摇头。"老师,我错了,真的对不起!下课后,我会主动找体育老师承认错误的。""你是班上的好同学,以后再别发生这样的事情了"她点了点头。就在体育课风波发生后不久,一天早晨我刚来到教室,卫生委员跑了过来:"老师,从开学到现在,小霖经常不出去值日。"这是怎么回事?开学都快3个周了!"小霖,为什么不出去值日?""老师,我为什么要出去值日?"我压根就没想到她能以这样的反问来回答我。"出去值日是你的责任,只有在一个整洁的环境下,同学们才能更好地学习。这就如同你保质保量完成作业一样。"她又低下了头说:"老师对不起,我知道错了。"

在课堂之外,我开始慢慢地留心观察她,发现课下的小霖判若两人,很少与其他同学交流,总是独来独往、闷闷不乐。课外活动时,其他同学都三三两两踢毽子、跳绳,她却独自待在操场上,与课上神采飞扬的她简直形成鲜明对比,这是怎么回事?笔者决定调访小霖的家长。她的妈妈准时来到学校,原来在她7岁时爸爸和妈妈离婚。走出法庭时,小霖一路小跑亲切地喊着"爷爷"并用自己的小手去拉爷爷的大手,不曾想爷爷把大手一甩,小霖重重摔倒在地,爷爷头也不回地离开了,小霖趴在地上呜呜大哭。这件事给她留下了巨大阴影,再加上爸爸和妈妈离婚使她感觉自己好像被抛弃了,之后就变得沉默不语,很少

与妈妈沟通学习之外的事情。看来课下跟在家里差不多。

其实，小霖因为缺乏关爱但又渴望关爱，怕受到伤害，就把自己封闭起来，不付出、不交流、不沟通，但又渴望被关注，所以就不断"找事"。找到了"病根"，我决定用爱打开小霖的心门，将友爱、师爱结合。

上美术课前，老师布置同学们带国画颜料和宣纸。由于早上走得匆忙，小霖忘带国画材料了，课前，小霖看着其他同学都准备好了学习材料，自己焦急又无奈，这时她周围的同学看到了，同桌送她了一张宣纸，后面同学借了一根毛笔给她，同桌又建议他们共用颜料，大家共同努力解决了小霖的"危机"。地理课上，有一道关于海拔与气温的计算题，同桌不会做，小霖主动、耐心地帮同桌讲解，直到同桌听懂为止，二人会心的微笑其实是她们心灵的沟通。

一天早晨，外面下起大雨，小霖家离学校较远，虽然穿着雨披但外面的运动服还是湿了大部分，穿着这样的湿衣服怎么能安心上课呢？这时我想起我在办公室里留了一套备用的运动服，急忙拿来让她换上。她哽咽地说："谢谢老师！"我帮她理了理凌乱的头发。

精诚所至，金石为开，慢慢地，她打开了心扉，不再孤单地待在自己的角落里，而是与同学互相帮助、互相关爱，爽朗的笑声时刻环绕着她。小霖的数学成绩很棒，在她的带动下，周围一些数学偏科的同学也有了起色，班上形成了团结、友爱、互助、向上的良好氛围。

任何一名学生都是可教之才。老师要善于发现并放大孩子的闪光点，因材施教，让学生在自信中成长。

创建"136"自主合作小组，
打造"和谐怡悦"班集体

王　燕

"136"自主合作小组学习模式，是我校在"和怡"特色学校办学理念指导下的科学探索。所谓"136"即划定一个小组共 6 人，1 人自学，3 人助学，6 人研学。基于在课堂教学实践中运用之高效，我又把它推广到班级管理中，让整个班级犹如注入了一股源头活水，班集体呈现出一片"和谐怡悦"欣欣向荣的景象。

一、首先，科学划定"136"自主合作小组

6 位小组成员分为 A1、B1、C1 和 A2、B2、C2，其中 A1 是组长，A2 是副组长，座位排列三人同桌，组长坐中间，前后两排。每组的小组长和副组长是通过演讲、同学选举出来的，在同学中属于学德兼优型，具有较高的威信。每个组长自行"招聘"组员。到最后，班上剩下几名"违纪大王"没人选，我就对同学们说："我们是一个整体，应该发扬'不抛弃不放弃'的精神，不让一个同学掉队。"这样，有几名组长义不容辞地选择了他们，那几个学生当时很羞愧，他们一定是认识到了自己的问题，这种教育和鞭策会比大声的苛责更起作用。

二、奖惩力求做到公平公正

对于小组的奖分与扣分，我极为谨慎，尽力做到公平公正。小组管理，包含了学习、纪律、卫生等方方面面，我以奖分为主、扣分为辅助来调动学生的积极性。每堂课积极举手发言的、作业认真完成的、打扫卫生及时的、跑操口号响亮的、路队纪律遵守好的，等等，由班干部和课代表通报给我，指定专人登记分数。而对于违反纪律的，我采取了"仁治"的方法，按规定先扣分，但给其弥补

的机会，让其写出错误分析书及整改措施。比如我班有两位同学被学校执勤抓到骑车载人，扣了班级的分数。我先问清他们原委，他们说是因为老师最后一节课考试拖堂，怕下午上学迟到，所以才犯了错误。听他们这样说，我没有像以前那样大动干戈，而是耐心地讲明了学校此举的目的是保证每位同学的安全，不能因个人的原因破坏学校的规矩。他们当即点头认错。犯错的学生自主选择的弥补措施花样繁多，有主动擦黑板的，有送垃圾的，有背书的……所以我班一下课便有几位同学蜂拥至黑板前，争先恐后地擦黑板，其中有的同学并不是犯错误的，而是主动帮忙的。大家充分发挥了主人翁的精神，对自己的行为负责任、有担当，我觉得，这原本的惩罚已经演变成一道道美丽的风景线。

三、实行小组捆绑，荣辱与共

每个周我都要把个人和小组的成绩统计出来，张贴在墙报栏上，并附激励与反思的寄语，例如："你离第一有多远？你离最后有多近？今天的你如果不努力，不要期待明天的好成绩！"

小组的分数体现了小组的综合表现。而每周的排名将决定他们在班级中的位置，排名在前的小组的组长优先选择自己小组坐在哪里，而排名最后的只能带着自己的组员坐到别人挑剩的地方，这样势必激起了他们努力赶超的斗志。我还要向家长发放表扬函，让他们一起分享孩子成长与进步的快乐。而对成绩差的小组，我主要进行了两方面的沟通。首先和组长沟通，了解他们都面临哪些方面的困难，期待老师给予怎样的帮助；然后和扣分较多的孩子的家长沟通，告知他们孩子在学习上或纪律上出现了一些问题，老师希望和家长一起携手解决问题。每次和家长交流，尤其是面对问题孩子的家长，我都会强调一点：不要打骂孩子。这样的做法，让老师、家长和学生真正站在了一起，而不是对立面上。

"136"自主合作小组让每一位同学充分发扬了和融共进的进取意识和团队精神，无论是在学习上还是纪律上，他们能够做到最好地管理自己、监督他人。"136"自主合作小组的成功运作更展现了我校"人本和谐，怡悦成长"的教学理念，是我校在特色化学校建设过程中可贵的实践。

强抓习惯养成，夯实德育基础

唐小娜

《国家中长期教育改革和发展规划纲要（2010—2020 年）》在义务教育阶段的发展任务中明确提出，要注重学生的品行培养、激发学习兴趣、培育健康体魄、养成良好习惯。培养学生良好的行为习惯，给他们提供健康发展的正能量，是学校工作的重中之重。在德育培养工作中，我们认识到，学生时期是人生成长过程中的一个关键时期，习惯养成决定学生一生的发展。只有为学生提供良好的发展平台，让学生在学校这一大环境中养成良好的行为习惯，才能把外在的规范要求转化为学生成长的内在需求，从外在的制度约束转化为内在的自主发展。

2010 年以来，我校把对学生行为习惯的培养作为学校的育人特色和自主重点工作，在总结实践的基础上，制定了学校的习惯培养方案。依据实施方案，我校全体教职工、全校学生、家长全员参与，创造性地、持之以恒地开展习惯培养教育实践活动，坚持年级、学科双管齐下，推行起始年级搭建基础、中高年级巩固提高的序列化习惯养成管理模式；遵循重点突破，建纠并举的原则，低起点，小坡度，渐次推进，并由点及面，逐步迁移拓展，实现习惯"由简单到复杂、由他律到自律、由制度约束到自主发展"的转化。做到了培养工作系统化，评价反馈科学化，使学校习惯培养工作得以有效落实，效果明显。

一、强化培养工作的系统化

（一）选取习惯教育节点，制定培养目标及内容

1. 通过监控录像、抓拍照片、学生问卷、教师反馈、家长一封信等方式发现

学生存在的不良行为习惯,如乱扔杂物、课后疯打、浪费粮食,并制作成专题教育片。

2. 由校长主持,副校长、教导主任、政教主任及各级部主任召开习惯养成教育专题研讨会,针对发现的问题,确定出五种行为习惯:礼貌习惯、卫生习惯、高效做事习惯、良好秩序习惯、节约习惯,作为重点培养内容。讨论习惯培养的具体目标,制定习惯养成评估标准。提出行为习惯培养的三级目标(表10-1):一级目标是各习惯的具体内容;二级目标是各习惯中具体培养的重点习惯;三级目标为各习惯的具体达成标准。并在习惯培养的途径、操作方式、组织管理等方面制定实施方案。以方案为依据,全面有序地推进工作,使习惯培养工作成为一个有机整体。

10-1 习惯培养三级目标

习惯项目	重点习惯	习惯养成标准
礼貌习惯	问好	见到师长及客人主动问好,声音响亮,面带微笑
		接送物品用双手,接受帮助说谢谢,进入办公室喊报告
卫生习惯	拣拾废纸	见到废纸主动捡起来,时刻保持室内、室外地面洁净
		及时值日,整理好自己的物品及教室内的卫生工具
		时刻保持脸、脖子、手等洁净,衣着整洁,饭前便后洗手
高效做事习惯	限时做事	每做一件事都给自己限定时间,并力争在规定时间内完成
		早晨起床、洗漱15分钟,自主预习或复习30分钟
		每日坚持5分钟写字时间,字数70至80个字
良好秩序习惯	课间活动	课间操站队迅速、整齐,不疯打,不喧哗
		校内不奔跑,不集堆,三人以上自觉成队,排队领饭不吵闹
		集会时右手拿凳,凳面朝前,带队整齐,不喧哗,不鼓倒掌
		行路靠右慢行,不并行,不疯打,不追逐嬉戏,注意让行
节约习惯	节约一滴水	节约每一滴水、一粒粮、一张纸,不乱花钱
		不浪费时间和精力,努力学习,积极进取,做有意义的事

（二）重抓起始，夯实基础

新开学之初，利用常规教育周开展系列活动，力争做到"好的开始，就成功了一半"。

1. 充分发挥主题班会的教育作用。班主任带领学生学习《中学生日常行为规范》《中学生守则》《学校班级量化考评办法》《日常行为考评细则》《卫生检查细则》《大课间活动有关规定》，对学生的行为提出明确的要求。通过"开学第一课"及全校升旗仪式，对学生进行"养成良好习惯，争做文明学生"的教育。

2. 观看"习惯养成"专题片，展示学生的不良行为习惯及优秀表现，通过对比，让学生明确不良行为的坏处，学生写出观后感，并制订行为习惯养成计划与目标，填写习惯养成承诺书。任课教师和班主任也做出相应承诺，明确习惯养成过程中师生的责任。

3. 校园广播在课余时间循环播放行为习惯养成的内容及标准，使学生对标准耳熟能详，在潜移默化中规范言行。学校通过习惯养成测试等形式进行检测，并用喜报等形式对学生的表现进行评价与激励。

4. 召开新学期家长会，向家长通报学校习惯培养方案及具体要求，取得家长的支持与配合。

（三）突出重点，促推习惯养成

1. 坚持"重点突破，抓点促面"。在培养良好习惯的过程中，充分考虑不同年龄和不同个体的差异，根据学生特点，有针对性地制定培养目标、选择适宜的培养方式，以渐次推进为原则，在各级部同步进行的同时，将初一作为学生习惯养成的关键点来抓，把培养、矫正、巩固有机整合在一起，低起点、高标准、严要求。先抓相对易学、易做、易于检查与评价的重点习惯，抓好每一个习惯项目中的第一项，在学生能够完成第一项的前提下，逐步向其他项目延伸，迁移带动相近的习惯的养成。

2. 完善配套制度和措施，强抓习惯落实。各年级制定实施方案及工作配档，根据习惯养成项目的难易，有重点、分层次地抓落实。通过师生习惯养成双向签名承诺、班级专项跟踪督导检查、"好习惯好人生征文"、致家长一封信、家长培训讲座、家校月报、通过家校联系卡等多种形式进行。

3. 拓展习惯养成项目，提升习惯养成标准。在前阶段工作完成之后，进一步提高标准，自主拓展、调整行为习惯养成内容和外延，构建序列化培养的模式。对每一个习惯项目中的第一项进行诊断，及时矫正学生不规范的习惯和存在的不良习惯，并逐步提高标准要求，完善巩固学生已有好习惯；全面严格落实各习惯中的其他项，根据年级特点和学生的实际需求，适当增加内化型的习惯，如课堂行为表现、做事的目标性；在落实的过程中，要逐步培养学生的自我管理能力，实现由他律到自律的转化，最终达到学生自主发展的终极目标。

二、坚持习惯培养与监测评价并行

强化过程性监控与终结性测评结合力度，突出习惯培养目标的分步落实，努力完善习惯培养评价机制，构建科学合理的习惯培养体系，促进习惯培养工作规范有序地开展。

（一）监测评价的途径和方法

1. 途径：针对学生的行为习惯，根据评估标准（表10-2），以政教处、团总支主抓，纳入班级管理考核；做到习惯培养面面抓、时时抓，层层抓。进而让学生逐步由被动模仿到主动重复，由制度约束到自我发展，逐步内化成为学生自身的一种行为定式和思维模式。

10-2　行为习惯养成教育评估标准

项目	工作内容	检查单位	考核办法	评分细则
总体印象（10分）	班容班貌整洁美观，管理严谨有序，养成教育取得实效	政教处	班级实地查看	班级学生衣着整洁(3分)，室内卫生工具等物品摆放整齐(3分)，室内卫生保持良好(4分)
组织管理（20分）	级部主任制定习惯养成教育工作方案以及习惯养成教育学期末总结	政教处	查班主任档案	方案及总结由班主任整理归入习惯养成专用档案盒(2分)

续表

项目	工作内容	检查单位	考核办法	评分细则
	定期召开养成教育专题会（级部开展）		查班主任档案	全年至少召开2次专题工作会议，留有会议记录，每次得3分
	班主任习惯培养工作计划与阶段性总结		查班主任档案	工作计划（1分），阶段性总结（1分），习惯养成教育专项记录（主要记录日常对学生习惯教育的方法与策略）（4分）
	行为习惯养成评价表及师生双向承诺书		查班主任档案	有学生自评、互评、师评的评价表（4分），习惯养成教育师生双向承诺书（2分）
习惯培养部分项目考查（40分）	讲礼貌	政教处	巡查学生行为与查阅资料相结合	实地考察学生礼貌教育效果良好（6分），每发现一处不良习惯扣1分（抽查4名学生）
	课间活动	政教处	实地巡查	课间操整队迅速，无疯打及喧哗现象（4分），发现一例不良习惯扣0.2分；餐厅路队整齐，餐厅内不喧哗并自觉排队（4分），发现一例不良习惯扣0.2分
	高效做事	政教处	实地巡查	早晨到校打扫卫生能够在规定的时间内及时完成（10分）未在规定时间内完成任务，根据情况扣3、4或5分
领导及班主任综合评价（30分）	行为习惯养成教育班级管理	政教处组织汇总	查阅管理档案	根据班级管理档案，查阅是否存在应付了事的现象，是否有创新教育思路和有特色；针对16名班主任的日常班级管理情况进行总体评价

说明：（1）组织管理栏中所列材料只要齐备，即可得20分，除本项要求的内容之外，各班级可根据日常管理的实际情况适当增加管理过程性材料。（2）领导及班主任综合评价侧重档案质量和16名班主任的日常管理风格，由领导和16名班主任评议，赋分区间为66～96，分差2分，然后由政教处组织人员按30分折算计入班级量化。

2. 方法：在监测方法上，以日常监控、影像资料搜集为过程性管理的基本形式。日常监控重在对学生日常管理的督查，并纳入学校精细化管理范畴，做到对文明礼貌、卫生、纪律、课间秩序等具体指标的日常性评比的量化，是对学生的一种外部约束与管理。借助日常监控和搜集影像资料并整理和反馈给学生，既帮助教师客观地掌握学生习惯培养过程中暴露出的问题，也让学生对自身及周边同学存在的好习惯、坏习惯有一个直观的认识，对当事人进行反馈与评价。

（二）评价结果的运用

1. 每学期以班级为单位，多次组织学生进行达标评价、习惯养成标兵等系列评比活动，开展习惯养成典型经验交流会。并把评价达标情况记录到学生的成长档案之中。

2. 分阶段、有重点地进行习惯养成项目的评价。重点习惯项目，累计后没有达标的学生，不得被评为"三好"学生。对没有完成的项目或未达标的学生，要安排专人进行帮扶和监督，限期促其完成。

推行行为习惯培养的几年，我校通过健全良好习惯的培养体系，形成富有成效的系列教育实践活动，建立科学的评价反馈机制，使我校学生的行为表现、综合素养明显提升；使我校教师有明确的培养学生良好习惯的责任意识、主动意识和较强的实践能力；使我校习惯养成教育的实践和研究水平较高，最终打好学生发展的基础，为学生铺设通向成功的阶梯。

通过习惯培养方案的落实及监测评价结果的有效运用，使学生开展横纵对比，了解自我并正确评价自我，做到比标准、补差距；使家长通过实施过程与评价结果，重视强化学生校内外习惯的一致性和连续性，增进沟通，增强合力，使教师了解在学生习惯培养中过程中的进步与不足，便于学校、师生和家长对习惯培养过程及结果更为客观真实的判断，为改进和完善学校习惯培养工作提供有效地依据。

通过行为习惯的培养，学生明确了什么是好的习惯，通过多次评价认识到自身的进步与不足，并能以较高的标准要求自己，规范自己的言行，日常行为有了明显的改观，能做到见到老师主动问好，能主动随手捡拾地上的废纸、杂物，在洗手完毕后能及时关闭水龙头,能做到高效做事,不拖泥带水。在各种检查活动中,学生的表现突出,得到了大家的一致好评。

在今后的工作中,我们会在实践中不断完善、改进培养的内容及目标,并从更广泛的方面进行培养,使我校的习惯培养工作更有实效。